www.entdecke.de

Entdecke die Krebse

Charles Oliver Coleman

1. Auflage 2022

ISBN: 978-3-86659-504-0

An der Kleimannbrücke 39/41
48157 Münster
Tel.: 0251-13339-0, Fax: 0251-13339-33
E-Mail: verlag@ms-verlag.de

Home: www.ms-verlag.de
Geschäftsführung: Matthias Schmidt
Layout: Isabell Büchter
Lektorat und Bildredaktion: Kriton Kunz
Druck: Drusala, Frýdek-Místek

shutterstock
Cover: duangnapa_b
Rückseite: Mark Brandon
Vorsatz: Uwe Bergwitz
S.2/3: Pasko Maksim
S.4/5: PIYA_BUNMALERD
S.4 oben: Process
S.5 oben: Eric Isselee
S.5 Mitte: Piyapong Tangteerasunant
S.6/7: Apple Pho
S.6 oben links: Gerald Robert Fischer
S.6 o rechts: zaferkizilkaya
S.7 oben links: aDam Wildlife
S.7 o rechts: FriedChicken99
S.8 oben: 2happy
S.8 unten: paulzhuk
S.9 u: Gerald Robert Fischer
S.10 unten: Alex Stemmers
S.10 Hintergrund: Kuttelvaserova Stuchelova
S.11 o links: Alex Stemmers
S.11 o rechts: Alex Stemmers
S.12 oben: Alex Stemmers
S.12 unten: kontrymphoto
S.13: nicefishes
S.14: Alex Stemmers
S.14 oben: LFRabanedo
S.15 oben: Kvasha Ekaterina
S.16/17: GOLFWORA
S.16 Lupe: Alex Stemmers
S.19 oben: beto_junior
S.19 Mitte: Aldona Griskeviciene
S.20 Lupe: Aurelian Nedelcu
S.21 oben: Serhii Shcherbyna
S.22/23: duangnapa_b
S.22 u: Svetlana Orusova
S.23 oben: Mike Workman
S.24 unten: Eric Isselee
S.25 o: Matthew R McClure
S.28/29: Mike Workman
S.28 oben rechts: sb chang
S.30 oben: kikujungboy CC
S.30 unten: Kristina Vackova
S.31 oben u Mitte: Cloudpost
S.32 Lupe: Ernie Cooper
S.32 Mitte links u rechts: Ernie Cooper
S.32 unten: skippy666
S.34 oben: HHelene
S.34 Mitte: Anton Kozyrev
S.34 unten: Ernie Cooper
S.35: McGraw
S.37 oben links: DiveIvanov
S.37 u: elena_photo_soul
S.38 Lupe: DKeith
S.39 oben: Alex Stemmers
S.39 unten: goran_safarek
S.42/43: ch123
S.46: Lebendkulturen.de
S.47 oben: Dan Olsen
S.47 unten: showcake
S.49 unten: Nicolas Primola
S.50: Lebendkulturen.de
S.51 u: Michael Rosskothen
S.53 unten: Atlaspix
S.54 oben: Napat
S.54 Mitte: Dan Olsen
S.54 unten: Martin Pelanek
S.56/57: Earthmum
S.57 oben: Ronald Shimek
S.57 Mitte: Tawansak
S.60 oben: motorolka
S.61 oben: JuliaLerma
S.61 Mitte: Alexander Raths
S.62/63: trubavin
S.64: Eric Isselee

mauritius images
Schmutztitel: Naturbildbibliothek/Alex Mustard
S.24 oben: Gary Roberts/Alamy/Alamy Stock Photos
S.25 unten: nature picture library/Constantinos Petrinos
S.26/27: Reinhard Dirscherl
S.26 3x: Reinhard Dirscherl
S.27 u: Auscape Inernational Pty Ltd/Alamy/Alamy Stock Photos
S.28 o links: Naturfotografen Ltd/Alamy/Alamy Stock Photos
S.31 unten: Minden Pictures/Paul Bertner
S.37 oben links: Cbimages/Alamy/Alamy Stock Fotos
S.40 oben: Pacific Stock/Thomas Kline
S.40 unten: Pacific Stock/Dave Fleetham
S.44/45: Landschaften & Wissenschaft/Alamy/Alamy Stock Photos
S.48: nature picture library/Roggo/Wild Wonders of Europe
S.51 oben links: Science Source/Marek Mis
S.51 oben rechts: Roland Birke
S.58/59: Photoshot creative/Franco Banfi
S.58 oben: FLPA/Alamy/Alamy Stock Photos
S.58 Mitte: Jeff Gilbert/Alamy/Alamy Stock Photos

Sonstige:
Charles Oliver Coleman
S.11 unten, S.33 oben rechts, S.36, S.37 Mitte, S.38 unten, S.41, S.43 oben, S.49 oben, S.52/53, S.59, S.60 unten, S.61 unten

Friedrich Bitter
S.18 Lupe, S.18 unten, S.20/21, S.21 unten

Daniel Knop
S.9 Kasten, S.15 Kasten

Kriton Kunz
S.33 oben links, S.33 unten, S.55 4x

Inhaltsverzeichnis

Willkommen in der Welt der Krebse!

Sicherlich hast Du Krebse schon öfters gesehen, vielleicht im Fernsehen, im Urlaub am Strand – oder im Meeresfrüchtegeschäft, wo Garnelen, Hummer und Krabben als Delikatesse verkauft werden. Krebse sind sehr vielgestaltig und Du wirst sie in diesem Buch als eine der faszinierendsten Tiergruppen kennenlernen.

Wie dieser Italienische Taschenkrebs sind viele Arten sehr wehrhaft!

Bestimmte Krebsarten brauchen zwar das Meer, sind aber auch am Strand aktiv

Weltweit gibt es etwa 70 000 Krebsarten. Die kleinsten sind weniger als einen Millimeter lang, sodass sie in den Lücken zwischen Sandkörnern am Boden von Gewässern herumkrabbeln können. Andere sind riesig, wie die Japanischen Riesenkrabben, die größten Gliederfüßer der Erde: Sie überspannen mit ihren Beinen fast vier Meter!

Manche Arten sind wunderschön gefärbt. Hier siehst Du die Lila Halloween-Krabbe, eine Landkrabbe

Ist dieser Meereskrebs nicht bezaubernd und skurril zugleich?

Krebse können höchst unterschiedlich aussehen. Weil dieser hier seine Scheren immer vor das „Gesicht" hält, als sei er beschämt, heißt er Schamkrabbe.

Die Musterung dieser Zebrakrabbe löst ihre Körpergestalt optisch auf. Daher ist sie für Feinde kaum zu erkennen.

Krebse existieren fast überall, selbst in den tiefsten Gräben der Weltmeere. Viele winzige Arten leben sogar im Grundwasser und gelangen darüber auch selten einmal in unser Trinkwasser. Und einige Arten leben an Land und können erstaunlicherweise selbst in Wüstengebieten überdauern. Wusstest Du eigentlich, dass auch Kellerasseln zu den Krebsen gehören? Es gibt sogar Krebse, die über den Wind oder in Vogelfedern verbreitet werden können. Doch dazu später mehr – jetzt nehmen die schlaue Eule Xabi und ich Dich mit auf die spannende Reise durch die Welt der Krebse. Viel Spaß!

Die Mengen an Krebstieren können teilweise gigantisch sein

Viel bunter als bei dieser Winkerkrabbe geht's wohl nicht

Die Orang-Utan-Krabbe ist am ganzen Körper „behaart“

Jäger, Filtrierer, Aasfresser ...

Die Lebensweise der Krebstiere ist je nach Art extrem unterschiedlich. Manche sind räuberisch und fangen andere Tiere. Andere filtern nährstoffreiches Schwebematerial aus dem Wasser. Wieder andere ernähren sich von toten Tieren und Pflanzen.

Skorpione und andere Spinnentiere sind wie die Krebse Gliederfüßer und daher mit ihnen verwandt

Jede Menge Verwandte

Neben den bereits bekannten Krebstierarten gibt es mit Sicherheit noch viel mehr, denn jedes Jahr werden viele zuvor unbeschriebene Arten entdeckt.

Krebstiere zählen zu den Gliederfüßern, denn ihre Beine sind mehrfach gegliedert. Ihre nächsten Verwandten sind die Sechsfüßer, von denen die Insekten Dir am bekanntesten sind. Außerdem mit den Krebstieren verwandt sind die Tausendfüßer und die Kieferklauenträger – zu Letzteren gehören beispielsweise Spinnen und Skorpione.

Zwerge und Riesen

Das winzige Krebschen *Stygotantulus stocki* lebt als Parasit an anderen kleinen Krebstieren. Es misst ausgewachsen nur 0,1 Millimeter! Zum Vergleich: Der Punkt am Ende dieses Satzes ist 0,5 Millimeter groß.

Größtes Krebstier ist die Japanische Riesenkrabbe, die Du hier siehst. Ihr Körperdurchmesser beträgt bis fast 40 Zentimeter und die Spannweite ihrer langen Beine bis zu 3,7 Meter!

Tarnkünstler

Krebstiere leben in einer Welt voller Feinde, die sie zum Fressen gern haben. Viele Tiere haben sich sogar darauf spezialisiert, ausschließlich oder zumindest überwiegend Krebse zu fressen, beispielsweise manche Schlangen oder eine Robbenart, die deshalb sogar Krabbenfresser heißt. Letztlich hängt sogar praktisch das gesamte Nahrungsnetz im Meer von Krebstieren ab, denn die Unmengen winziger Krebschen und ihrer Larven dienen kleinen anderen Tieren als Nahrung, beispielsweise jungen Fischen. Diese fallen wiederum größeren Tieren zum Opfer und so weiter – ohne Krebstiere am Anfang dieses Nahrungsnetzes würde also die gesamte Lebensgemeinschaft zusammenbrechen.

Um dem Schicksal zu entgehen, gefressen zu werden, sind viele Krebstiere mit ihren starken Scheren sehr wehrhaft und wissen sich zu verteidigen. Noch besser allerdings ist es, wenn man gar nicht erst in die Lage gerät, sich verteidigen zu müssen. Und darum sind viele Krebstiere so hervorragend getarnt, dass ihre Fressfeinde sie erst gar nicht wahrnehmen. Ein Beispiel dafür findest Du auf dem Foto unten.

Ein schlauer Trick

Die Boxerkrabbe hat zu ihrer Verteidigung einen ganz besonderen Trick auf Lager. In ihren Scheren hält sie stets zwei winzige Seeanemonen. Das sind Nesseltiere: Wer sie berührt, bekommt eine Ladung sehr schmerzhafter Nesselzellen in die Haut gejagt. Damit „boxt" die Boxerkrabbe im Notfall nach Feinden.

Ein Tarnkünstler der Spitzenklasse ist die Dekorateurkrabbe. Hast Du sie entdeckt?

Edelkrebs: edel, aber selten

Schauen wir uns als Beispiel für einen einheimischen Krebs einmal den Edelkrebs genauer an. Der Edelkrebs gehört zu den Flusskrebsen. Der Name ist nicht besonders zutreffend, weil viele Flusskrebse auch in Weihern und Seen leben.

Etwas schwieriger als zum Beispiel bei Insekten ist zu sehen, dass er in Kopf, Rumpf und Hinterkörper gegliedert ist. Bei Krebstieren ist der Kopf nämlich oft mit den ersten Abschnitten des Rumpfes verschmolzen.

Auf der Rückenseite des Krebses erkennst Du seinen Rückenschild, der wissenschaftlich Carapax genannt wird. Er entsteht aus einem Auswuchs des Kopfes und überragt den gesamten Vorderkörper des Flusskrebses. An den Seiten überdeckt er die Kiemen. An den Carapax schließt sich eine Körperregion an, die aus einer Reihe von Ringen besteht, den Körpersegmenten. Darauf folgt der Schwanzfächer des Krebses.

Supermaterial Chitin

Krebse haben kein Innenskelett wie wir, sondern ein Außenskelett aus Chitin, ähnlich wie eine Ritterrüstung. Chitin besteht aus Fasern spezieller Zuckerketten, die ähnlich wie Sperrholz in versetzten Schichten angeordnet sind. Zusätzlich sind in die Chitinschichten Kalk und Eiweiß eingelagert. Dieser Panzer ist elastisch, stabil und trotzdem leicht. Chitin ist auch der Baustoff der Außenhaut von Insekten und Spinnentieren. Es kommt zudem in den Zellwänden von Pilzen vor.

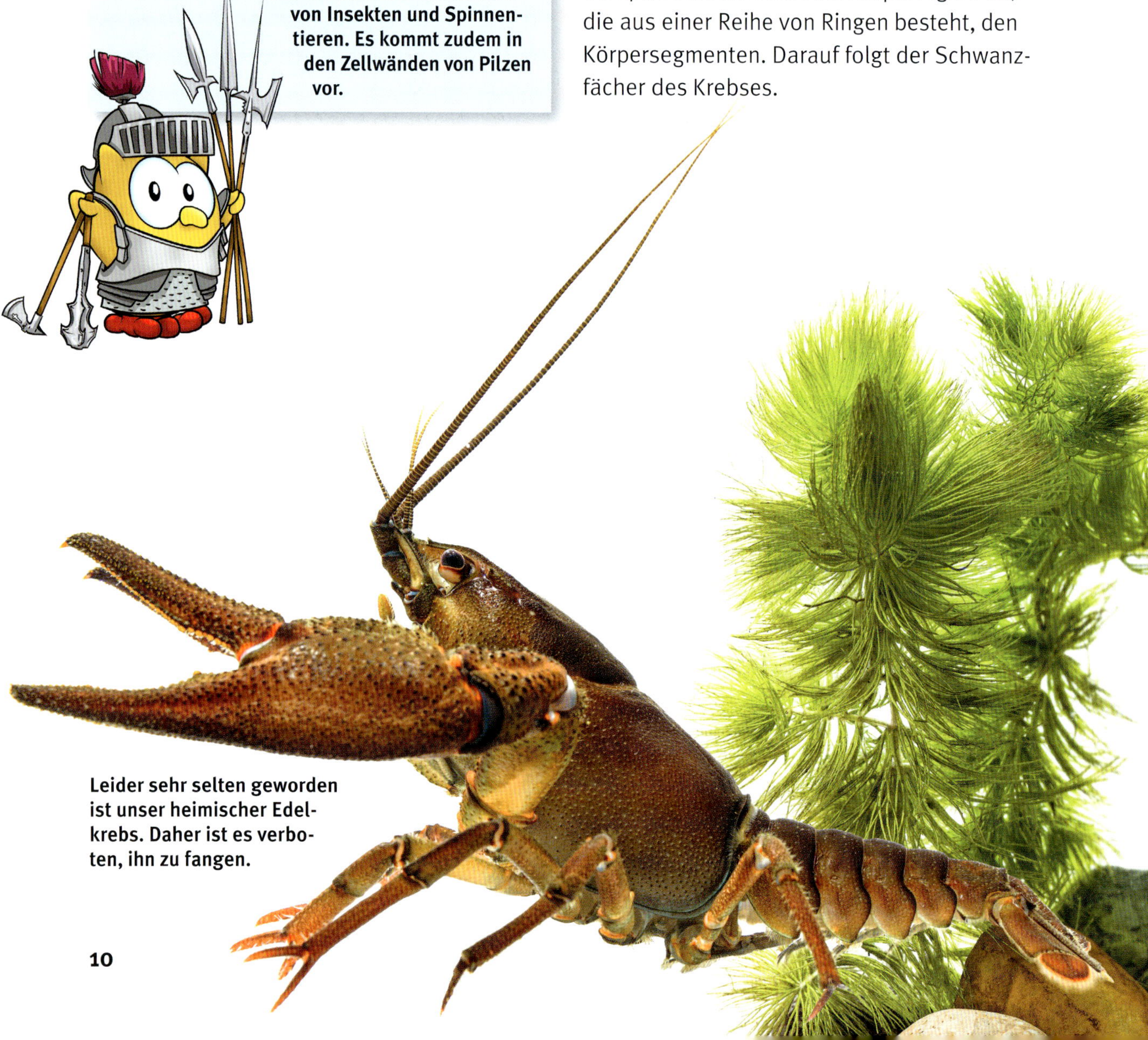

Leider sehr selten geworden ist unser heimischer Edelkrebs. Daher ist es verboten, ihn zu fangen.

Hier kannst Du Scheren und Laufbeine des Edelkrebses gut erkennen

Die Facettenaugen des Edelkrebses und seiner Verwandten, hier der Galizische Sumpfkrebs, sitzen auf Stielen

Jede Menge Beine

Schauen wir uns einen Flusskrebs oder eine verwandte Art einmal ganz genau an. Auf der Bauchseite siehst Du die fünf Paare Laufbeine. Das vorderste Beinpaar trägt die großen Scheren, die zweiten und dritten Beinpaare jeweils sehr kleine. Hinter den Laufbeinen folgen fünf Paare zweiästiger Beine. Bei Weibchen kleben an diesen Beinen nach der Ablage bis zu 300 Eier. Bei Männchen dagegen sind die ersten beiden dieser Beine für die Paarung röhrenförmig abgewandelt.

Unter dem Kopf befinden sich die Mundwerkzeuge. Sie haben sich im Lauf der Millionen Jahre dauernden Entwicklung der Krebse, der Evolution, ursprünglich aus Beinen entwickelt.

Am Kopf ragen zwei Paar Antennen nach vorne. Das ist typisch für Krebse und unterscheidet sie von den Insekten, die nur ein Paar Antennen besitzen, und von den Spinnentieren, die überhaupt keine Antennen aufweisen. Die kurzen ersten Antennen beherbergen Sinnesorgane, mit denen der Krebs chemische Signale aufnehmen kann. Man könnte sagen, der Krebs schmeckt mit speziellen Sinnesborsten, die an diesen Antennen sitzen. Die längeren zweiten Antennen dienen dem Krebs als Tastorgane. Mit ihnen kann er nachts oder im trüben Wasser die unmittelbare Umgebung erfühlen.

Oben auf dem Kopf entdeckst Du auf kurzen Stielen die Augen. Schau einmal mit einer Lupe auf die Augen, dann wirst Du sehen, dass sie aus vielen kleinen Feldern bestehen, den Einzelaugen.

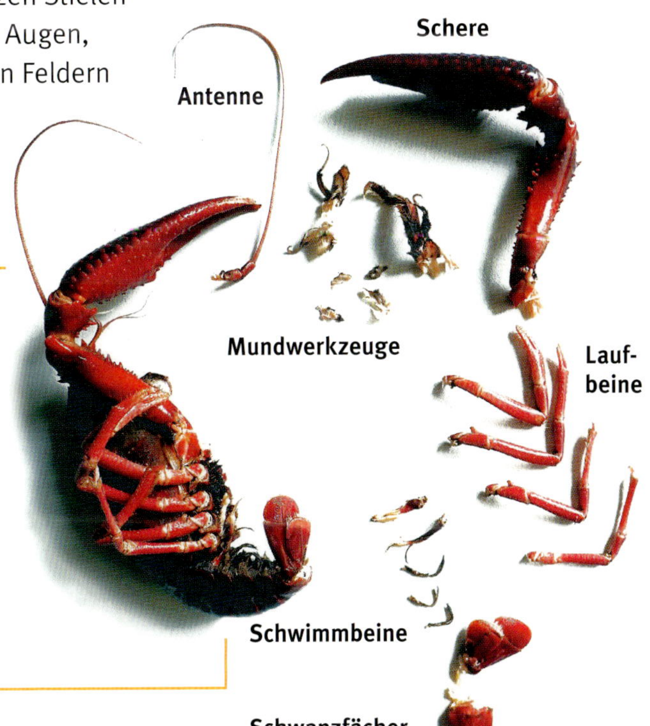

Ein genauer Blick

Noch besser verstehst Du, wie ein Krebs aufgebaut ist, wenn Du ihn wie ein Wissenschaftler präparierst. Bitte dazu Deine Eltern um eine flache Schale und ein Tuch. Mit dem Tuch kleidest Du die Schale aus. Lege nun einen toten Flusskrebs aus einem Fischgeschäft auf das Tuch, mit der Bauchseite nach oben. Jetzt kannst Du jeweils ein Bein oder Mundwerkzeug mit einer Pinzette festhalten und möglichst dicht am Körper abschneiden. Wie unterscheiden sich die abgetrennten Teile? Wenn Du die Seite des Rückenpanzers mit der Schere aufschneidest, wirst Du die Kiemen finden.

Das Außenskelett der Krebse ist nur an den Gelenken beweglich

Borstiger Ritter

Wie Du schon weißt, dient der Chitin-Panzer des Krebses als Außenskelett. Durch diesen Panzer ist der Krebs gut geschützt. Aber er hat auch Nachteile: Ähnlich einer Rüstung ist der Panzer nur an wenigen Stellen beweglich, nämlich dort, wo das Chitin sehr dünn ist, zum Beispiel an den Gelenken oder zwischen den Segmenten, also den einzelnen Abschnitten. Außerdem kann der Krebs nicht durch den Panzer hindurch fühlen, so wie Du durch Deine gesamte Hautoberfläche.

Damit der Krebs trotzdem Berührungen wahrnehmen oder die momentane Lage seiner Beine und Mundwerkzeuge erkennen kann, besitzt er spezielle Sinnesborsten. Jede davon ist mit einem Nerv verbunden und signalisiert dem Krebs eine Berührung, wenn sie abgebogen wird.

Ihr Panzer schützt viele Krebse wie eine Ritterrüstung

Rechts siehst Du einen Krebs neben seiner frisch abgestreiften Haut (links)

Dem Krebs wird es zu eng in seiner Haut

Ein weiteres Problem für den Krebs ist das Wachstum, denn seine Chitinhaut ist nur sehr wenig dehnbar. Um also wachsen zu können, braucht der Krebs regelmäßig einen größeren Panzer, und dazu muss er sich häuten. Die Häutung ist in mancherlei Hinsicht gefährlich für den Krebs. Vor allem ist sein neuer Panzer nach der Häutung eine ganze Weile sehr weich und bietet keinen Schutz vor Fressfeinden – in dieser Phase nennt man das Tier daher auch „Butterkrebs". Damit er in dieser riskanten Zeit nicht gefressen wird, verkriecht sich der Krebs für mehrere Tage in seine Höhle und streift dort die alte Haut ab.

Unter dem alten Panzer hat sich zuvor schon eine neue, sehr weiche Chitinhülle gebildet. Der Krebs nimmt nun Wasser aus seiner Umgebung auf und presst es in den neuen Panzer, der dadurch größer wird als der alte. Das Tier wartet dann in seiner Höhle, bis der Panzer durch Einlagerung von Kalk wieder hart geworden ist. Manchmal bleiben Teile des Krebses, insbesondere die großen Scheren, aber auch kleinere Strukturen wie Borsten, in der alten Hülle stecken und der weiche Krebs bleibt mit seinem alten Panzer verbunden. Die einzige Rettung des Krebses ist dann, das festsitzende Teil abzubrechen, zum Beispiel das Bein. Bei der nächsten Häutung wächst dieser Körperteil nach, wenn auch zunächst viel kleiner als zuvor. Nach mehreren Häutungen ist es jedoch wieder in seiner ursprünglichen Größe vorhanden.

Der Signalkrebs stammt ursprünglich aus Amerika, hat sich in Europa aber erfolgreich breitgemacht

Auch der amerikanische Kamberkrebs ist ein problematischer Neubürger Europas

Tagaktive Einwanderer

Wenn Du tagsüber Flusskrebse im Gewässer herumwandern siehst, handelt es sich wahrscheinlich um eine dieser eingeschleppten Arten. Sie sind mittlerweile vielerorts häufiger als einheimische Flusskrebse geworden.

Edelkrebse und Einwanderer

Leider sind heute in unseren heimischen Gewässern fast nur noch amerikanische Krebse zu finden

Unter anderem in Deutschland, Österreich und der Schweiz ist eine Art der Flusskrebse heimisch, der Edelkrebs, den Du schon kennengelernt hast. Edelkrebse sind nachtaktiv. Tagsüber verstecken sie sich unter überhängenden Uferrändern in selbst gegrabenen Unterwasserhöhlen. In der Dämmerung kannst Du Edelkrebse manchmal im Uferbereich auf der Suche nach Nahrung umherlaufen sehen. Leider ist der Edelkrebs sehr selten geworden. Das hat mehrere Ursachen. Zum einen werden seine Lebensräume immer kleiner, denn naturnahe Gewässer ohne Schadstoffe sind rar geworden. Vor allem aber ist er durch die Krebspest bedroht. Die Krankheit wurde bei uns eingeschleppt, als amerikanische Flusskrebsarten ausgesetzt wurden, zum Beispiel der Signalkrebs und der Kamberkrebs. Diese Arten sind ziemlich immun gegen die Krebspest, unsere heimische Art jedoch leider nicht, und unzählige Exemplare sind daran gestorben. Erkrankte Exemplare hören auf, sich zu bewegen, schließlich fallen die Beine ab und die Tiere sterben. Eine Heilung infizierter Krebse ist nicht möglich.

Ganz anders als die Eltern

Larven sind Jugendstadien vieler Tiere. Diese aus den Eiern schlüpfenden Jungtiere sehen allerdings häufig ganz anders aus als ihre Eltern. Hier beispielsweise schlüpfen sogenannte Nauplius-Larven von Salzkrebschen (links). Auf dem rechten Bild schwimmen sie bereits davon.

Extra

Krebse im Aquarium

Möchtest Du Krebse im Aquarium beobachten, ist dies leicht möglich. Besorge Dir ein einfaches Aquarium oder eine durchsichtige Kunststoffkiste mit mindestens 50 Litern Fassungsvermögen. Richte es mit einem Boden aus gut gewaschenem Kies ein und baue den Krebsen kleine Höhlen aus Steinen und vollgesogenem Holz. Bringe auch ein paar robuste Wasserpflanzen ein. Sie sorgen für die nötige Sauerstoffversorgung und dienen gleichzeitig als Futter für Dein neues Haustierchen. Befülle das Becken mit Leitungswasser und lasse es einige Tage stehen, bevor Du es mit einem Krebs besetzt. So setzen sich Trübstoffe auf dem Boden ab, und das Wasser wird klar. Bei Arten, die warmes Wasser brauchen, sorgt ein entsprechender Heizstab für die entsprechenden Werte.

Mehrere amerikanische Flusskrebsarten wurden in Mitteleuropa eingeschleppt. Sie dürfen keinesfalls im Aquarium gehalten werden.

Manche Krebse lassen sich hervorragend im Aquarium halten

Woher bekommst Du die Krebse? Weil der nachtaktive heimische Edelkrebs schon so selten geworden und so stark bedroht ist, steht er in Deutschland unter Artenschutz. Das bedeutet unter anderem, dass es verboten ist, ihn zu fangen. Die Haltung der eingeschleppten amerikanischen Arten ist in Deutschland, Österreich und der Schweiz strikt verboten, teils herrschen in diesen Ländern auch Haltungsverbote für weitere Arten.

Eine Alternative dazu sind solche Krebsarten aus verschiedensten Ländern, die Du im Aquaristik-Fachgeschäft nach wie vor legal erwerben kannst.

Neuberliner

In den letzten Jahren sind zum Beispiel Louisiana-Sumpfkrebse offenbar von Aquarienbesitzern in den Teichen des Berliner Tiergartens ausgesetzt worden und haben sich dort sehr stark vermehrt. In der Folge lebten zeitweise mehrere zehntausend dieser Flusskrebse in den Teichen. Sie kletterten gelegentlich sogar heraus und liefen auf den Parkwegen herum. Sie stellen eine Gefahr für unsere Natur dar – wegen der schon erwähnten Übertragung der Krebspest auf einheimische Flusskrebse und weil sie gesunde Seen in kurzer Zeit zu stinkenden, leblosen Gewässern machen können.

Viele davon sind wunderschön gefärbt und nicht schwierig zu halten. Lass Dich am besten ausführlich zu den Ansprüchen der jeweiligen Art beraten, die Dir gefällt. Solche Aquarientiere darfst Du natürlich unter wirklich gar keinen Umständen irgendwann in die Natur setzen, das ist streng verboten – denn es könnte heimische Arten gefährden!

Beobachtungen im Aquarium

Im Aquarium kannst Du beobachten, wie sich die Tiere verhalten. Meist verstecken sie sich zwischen den Steinen und Holzstücken, die Du im Aquarium zu kleinen Höhlen zusammengelegt hast. Aber wenn sie Hunger

Viele wunderschöne Krebsarten aus aller Welt werden im Aquaristikhandel angeboten

Im Aquarium gehaltene Krebse darfst Du auf keinen Fall in die Natur aussetzen!

bekommen, laufen sie umher. Sie fressen gerne Wasserpflanzen, freuen sich aber auch über einen kleinen Regenwurm, einen Fisch oder Insekten, die Du ihnen gibst. Dann ergreifen sie das Futter mit den Mundwerkzeugen, zerkleinern es, stopfen die Teile zwischen die Kiefer und dann in die Mundöffnung. Die großen Scheren dagegen werden beim Fressen nicht verwendet. Sie dienen zur Verteidigung und zum Angreifen beim Kämpfen. Wenn Du Deinen Krebs mit einem Stöckchen an die Antennen stößt, dann flüchtet er, indem er ruckartig rückwärts schwimmt.

Krebse oder Garnelen im Aquarium zu beobachten, ist sehr interessant!

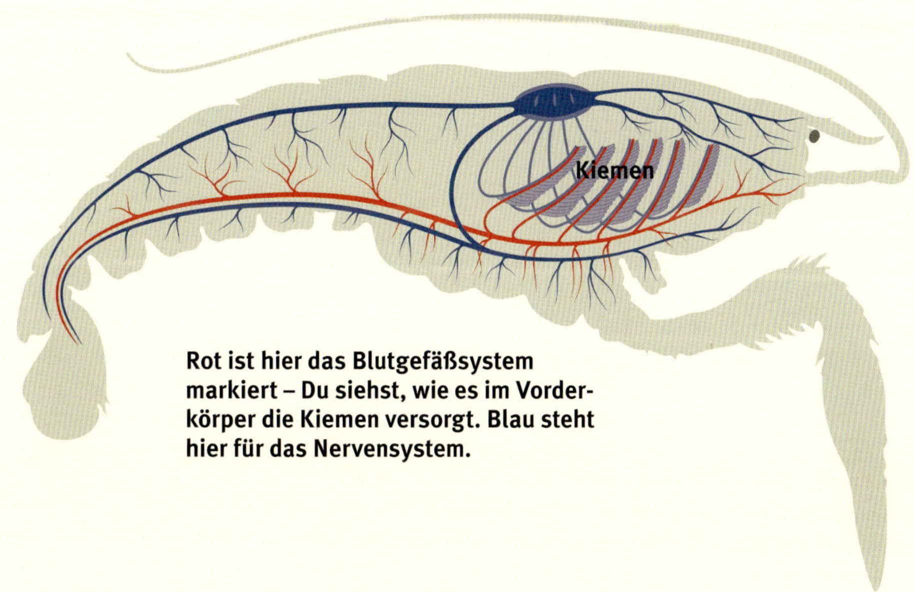

Rot ist hier das Blutgefäßsystem markiert – Du siehst, wie es im Vorderkörper die Kiemen versorgt. Blau steht hier für das Nervensystem.

Atmung mit Kiemen

Krebse atmen mit Kiemen, die als Auswüchse der Beine oder seitliche Ausstülpungen des Körpers in die Kiemenhöhle ragen. Diese wird vom Panzer überdacht – die zarten Kiemen sind auf diese Weise gut geschützt. Um sie mit frischem, sauerstoffreichem Wasser zu umfluten, ist eine Wasserströmung nötig: Ein Plättchen eines Mundwerkzeugs bewegt sich dazu schnell hin und her und pumpt so Flüssigkeit vom Ansatz der Beine in die Kiemenhöhle nach vorne.

Nachwuchs im Krebsaquarium

Wenn Du ein Weibchen mit Eiern unter dem Hinterleib im Aquarium hältst, dann werden die Jungkrebse nach einiger Zeit schlüpfen. Das Weibchen trägt bis zu 300 Eier, die an seinen Schwimmbeinen kleben, doch entwickeln sich aus ihnen nur relativ wenige Jungtiere. Zuerst bleiben die Minikrebse nahe am Muttertier. Später findest Du sie überall im Becken.

Das Krebsweibchen trägt seine Eier geschützt unter dem Hinterleib

Wenn Du Deine Krebse artgerecht hältst, kannst Du mit etwas Glück bald Weibchen mit Eiern beobachten

Bunte Zwerge

Ebenfalls sehr für die Haltung im Aquarium geeignet sind Zwerggarnelen. Verschiedene Arten und jede Menge wunderschöner Farbformen bekommst Du im Fachhandel oder direkt von Züchtern. Da sie so klein sind, brauchen sie auch kein so großes Aquarium wie Flusskrebse. Aber wie immer bei der Tierhaltung gilt natürlich auch hier: Informiere Dich zuerst gründlich über die Haltungsansprüche!

Lange können die Jungen nicht bei der Mutter bleiben, denn sonst werden sie irgendwann aufgefressen

Andere Zehnbeiner

Flusskrebse gehören zu den Zehnfußkrebsen – und diese Tierordnung umfasst etwa 15 000 Arten! Die meisten davon leben im Meer. Einige Zehnbeiner sind den Flusskrebsen ähnlich und haben ein gestrecktes Hinterende, zum Beispiel Langusten, Hummer und Garnelen. Im Gegensatz zu den bodenlebenden Flusskrebsen, Langusten und Hummern schwimmen viele Garnelenarten mit ihren Schwimmbeinen, die sich unter dem Hinterende befinden, wie Fische im Wasser, oft in riesigen Schwärmen. Sie lassen sich daher leicht mit Schleppnetzen fischen. Vielleicht hast Du schon einmal diese leckeren Garnelen gegessen. Aber nicht alle Garnelen paddeln in Schwärmen im freien Wasser. Es gibt auch sehr viele Arten, die am Boden leben.

Bei Krabben ist das Hinterende unter den Körper geschlagen. Sie können sehr gut seitwärts laufen. Einige Krabbenarten sind an das Leben an Land angepasst. Sie rennen über tropische Strände oder auf Felsen – schneller, als Du laufen kannst! Außerdem können sie sehr gut sehen. Nur wenige Räuber können diese Krabben erwischen, bevor sie in ihre Wohnröhren verschwinden.

Den gestielten Augen dieser Krabbe entgeht nichts

Hilfst du mir, helf ich dir!

Vom Zusammenleben von Einsiedlerkrebs und Seeanemone haben beide Partner Vorteile. Eine solche Lebensgemeinschaft nennt man Symbiose oder besser Mutualismus. Der Krebs erhält Schutz durch die nesselnde Seeanemone, die Seeanemone bekommt einen Teil des Futters des Einsiedlers ab. Wenn der Einsiedler in ein größeres Schneckenhaus umzieht, löst er oft die Seeanemone von dem alten und heftet sie auf das neue.

Auch einige Einsiedlerkrebse haben das Land erobert. Die meisten leben allerdings im Meer und stecken mit ihrem Hinterkörper in Schneckenschalen (siehe Foto Seite 24). Nur das Vorderende des Tiers schaut heraus. Bei Gefahr können sich Einsiedlerkrebse sehr schnell in ihr Haus zurückziehen.

Nach einer Häutung ist das Schneckenhaus oft zu klein. Dann sucht der Einsiedlerkrebs nach einer größeren leeren Schale. Hat er eine gefunden, probiert er das Schneckengehäuse an wie Du eine neue Hose. Passt sie, ist dies sein neues Zuhause, und er zieht ganz rasch um.

Einige Einsiedlerkrebse haben noch einen besonderen Trick auf Lager, um sich besser gegen Fressfeinde zu verteidigen. Dazu setzen sie eine oder mehrere Seeanemonen auf ihre Schneckenschale. Diese Nesseltiere, die Angreifern bei Belästigung Gift verabreichen, verderben Räubern gründlich den Appetit auf die Hausbewohner. Die Einsiedlerkrebse selbst dagegen leiden nicht unter den Seeanemonen.

Diese Krabbe fühlt sich durch den Fotografen bedroht – sie richtet sich auf, um größer zu wirken, und spreizt bedrohlich ihre Scheren

Der riesige Palmendieb kann auf Palmen klettern, um dort Kokosnüsse zu „ernten“. Mit seinen gewaltigen Scheren vermag er sie am Boden zu öffnen.

Die meisten landlebenden Einsiedlerkrebse tragen wie ihre Verwandten im Meer eine Schneckenschale als Haus. Der riesige „Palmendieb“ jedoch lebt als erwachsenes Tier ohne Schneckenhaus an Land. Er kann gut auf Palmen klettern und schneidet dort Kokosnüsse ab, die er mit seinen mächtigen Scheren am Boden öffnet und frisst – daher hat diese Art ihren Namen. Zur Fortpflanzung legen die Palmendieb-Weibchen ihre Eier im Meerwasser ab. Dort bewohnen die Jungtiere in der ersten Lebensphase Schneckenschalen, bevor sie nach einigen Häutungen an Land gehen und ohne einen solchen Schutz leben.

Einsiedlerkrebse verbringen ihr ganzes Leben in Schneckenhäusern

Revolverhelden und Staatenbildner

Ebenfalls zu den Zehnfußkrebsen gehören die Knallkrebse, auch Pistolenkrebse genannt. Die meisten Arten dieser Gruppe leben in Korallenriffen.

Viele Arten können mit einer ihrer beiden Scheren einen lauten Knall erzeugen, indem der „gespannte" Zahn eines Scherenfingers mit großer Kraft in eine passende Aussparung am Grundglied der Schere gepresst wird. Dadurch kommt es zu einer extrem schnellen Bewegung, die fast an eine Explosion erinnert, und ein Wasserstrahl wird aus der Schere „abgefeuert" – dadurch bildet sich eine Blase, und fällt diese in sich zusammen, ertönt der laute Knall und ein Lichtblitz leuchtet auf. Örtlich kann es dabei über 4 700 Grad Celsius heiß werden, und der Knall kann bis zu 250 Dezibel erreichen; ein Düsenjet dröhnt mit „nur" etwa 120 Dezibel. Damit sind Knallkrebse die lautesten Tiere der Welt.

Die „Pistolenschere" ist stark vergrößert

Einige Arten der Knallkrebse sind die einzigen Meereslebewesen, die in einer Staatengemeinschaft leben, wie Du sie von Bienen, Ameisen, Termiten oder vielleicht auch vom Nacktmull kennst, einem kleinen Säugetier. Mehrere Hundert solcher Krebse können gemeinsam im Inneren großer Schwämme leben, von denen sie sich auch ernähren. Nur ein Paar allerdings pflanzt sich fort – man bezeichnet diese beiden Exemplare als König und Königin. Zwar existieren keine besonderen Arbeiter wie bei staatenbildenden Insekten, aber Soldaten: Diese bilden besonders große Scheren aus und verteidigen den Schwamm ihres Volks aggressiv gegen Eindringlinge.

Revolverhelden

Mit ihrer „Unterwasserpistole" feuern die Krebse auf rivalisierende Artgenossen, verteidigen sich gegen Angreifer und betäuben oder töten ihre Beute, die sie mit ihren extrem leistungsfähigen Augen wahrnehmen können.

Wächtergrundel und Knallkrebs leben in einer Gemeinschaft, von der beide Nutzen haben. Das nennt man Symbiose oder genauer Mutualismus.

In unvorstellbaren Massen drängen die jungen Weihnachts-inselkrabben an Land

Wie ein roter Teppich überziehen die jungen Weihnachtsinsel-krabben einfach alles

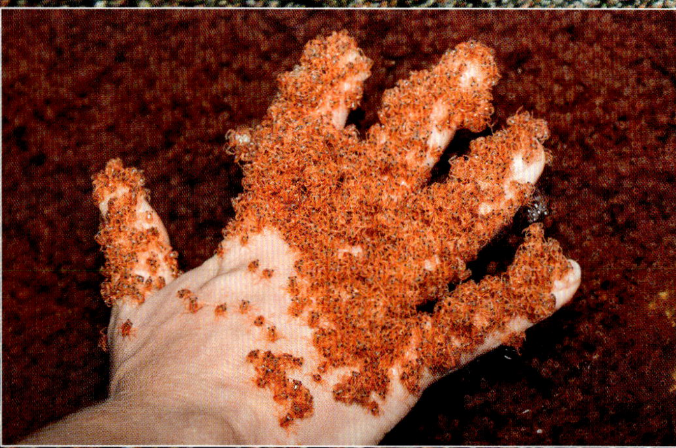

Millionen und Abermillionen der Jungtiere streben dem Landes-inneren zu

Ganze Wolken von Larven der Weihnachtsinselkrabbe schweben durch das Wasser

Jede Menge Krabben!

Etwa 50 Millionen Weihnachtsinselkrabben leben in den Wäldern der Weihnachtsinsel und der Kokosinsel im Indischen Ozean, und zwar nur dort! Die Männchen paaren sich in Erdhöhlen mit den Weibchen. Die Eier werden später von den Weibchen ins Meer gebracht, und daraus entwickeln sich Larvenstadien, die gar nicht an Krabben erinnern. Erst das letzte Larvenstadium sieht aus wie eine Minikrabbe. Sie geht zum Landleben über – aber eben nicht alleine, sondern mit Millionen Artgenossen! Diese Massenwanderungen der Weibchen zum Meer und der Jungtiere an Land sind jedes Jahr stattfindende Riesenereignisse.

Zur Eiablage zieht es die Weibchen der Weihnachtsinselkrabbe zum Meer

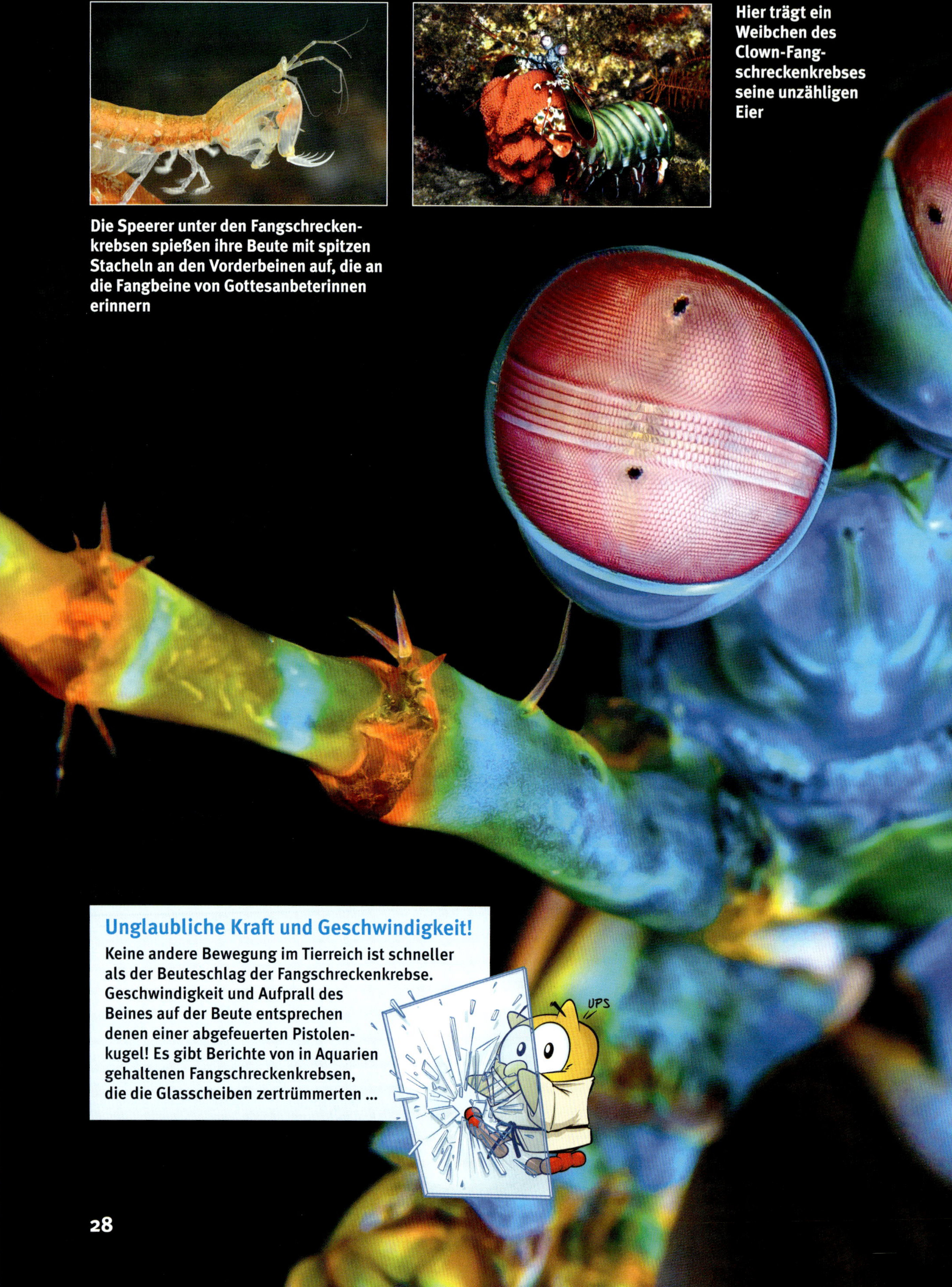

Hier trägt ein Weibchen des Clown-Fangschreckenkrebses seine unzähligen Eier

Die Speerer unter den Fangschreckenkrebsen spießen ihre Beute mit spitzen Stacheln an den Vorderbeinen auf, die an die Fangbeine von Gottesanbeterinnen erinnern

Unglaubliche Kraft und Geschwindigkeit!

Keine andere Bewegung im Tierreich ist schneller als der Beuteschlag der Fangschreckenkrebse. Geschwindigkeit und Aufprall des Beines auf der Beute entsprechen denen einer abgefeuerten Pistolenkugel! Es gibt Berichte von in Aquarien gehaltenen Fangschreckenkrebsen, die die Glasscheiben zertrümmerten …

Von Speerern und Schmetterern

In tropischen Riffen leben die den zehnbeinigen Krebsen ähnlichen Fangschreckenkrebse. Viele von ihnen sind wunderschön gefärbt. Aus ihren Verstecken heraus lauern sie ihrer Beute auf. Die sehr leistungsfähigen Augen helfen ihnen bei der Jagd. Nähert sich zum Beispiel eine Schnecke oder ein Fisch, tötet der Fangschreckenkrebs die Beute blitzschnell mit seinen Vorderbeinen. Je nach Art unterscheidet man Speerer, die mit spitzen Stacheln an den Vorderbeinen die Beutetiere aufspießen, oder Schmetterer. Diese besitzen an den Vorderbeinen hammerartige Verdickungen, mit denen sie Muscheln oder Krebse zertrümmern können.

Die Augen der Fangschreckenkrebse sind enorm leistungsstark!

Asseln, die Kängurus unter den Krebsen

Riesenasseln leben in der Tiefsee. Sie werden bis zu einen halben Meter lang und über anderthalb Kilogramm schwer!

Bei einigen Krebsen, zum Beispiel den Flohkrebsen, aber auch den Asseln, besitzen die Weibchen einen Brutbeutel. Darin reifen in den Eiern die Jungtiere heran – ein bisschen so wie bei Kängurus. Der Brutbeutel dieser Krebse besteht aus einer Reihe dünner Häutchen, die von einigen der sieben Beinpaare ausgehen und unter der Bauchseite überlappen.

Die meisten Asseln leben im Meer, einige auch im Süßwasser. Die kleinsten Asseln sind nur wenige Millimeter lang, die größten können mehr als 40 Zentimeter erreichen. Diese *Bathynomus*-Riesenasseln sind in der Tiefsee zu finden.

Manche Meeresasseln leben als Parasiten und ernähren sich zum Beispiel von der Blutflüssigkeit anderer Tiere – einige davon hausen anstelle der Zunge im Maul von Fischen und schnappen sich dort ihren Anteil an der Beute.

Im Maul dieses Clownfischs hat sich eine parasitische Assel eingenistet. Solche Asseln ernähren sich zuerst vom Blut der Zunge, bis diese abstirbt. Danach nehmen sie den Platz und die Funktion der Zunge ein. Sie fressen an der Nahrung des Fischs mit.

Landlebende Krebse vor Deiner Haustüre

Von den etwa 10 000 Assel-Arten leben weltweit etwa 3 500 an Land, in Deutschland sind es etwa 50 Arten. Landasseln sind die einzigen Krebstiere, die sich von offenem Wasser völlig unabhängig gemacht haben – nicht einmal mehr für ihre Vermehrung sind sie darauf angewiesen.

Du kannst diese Tierchen ganz einfach beobachten: Asseln findest Du in Wäldern, Parks und Gärten an feuchten Stellen unter Steinen, Baumrinde, Ästen oder Brettern. Du erkennst Landasseln an ihrem abgeflachten Körper, der am Rand wie gesägt erscheint, weil sich dort spitze Auswüchse befinden. Die bekanntesten Landasselarten bei uns sind Kellerassel, Mauerassel und Rollassel.

Landasseln sind Krebse, die kein offenes Wasser mehr brauchen – nicht einmal für die Vermehrung

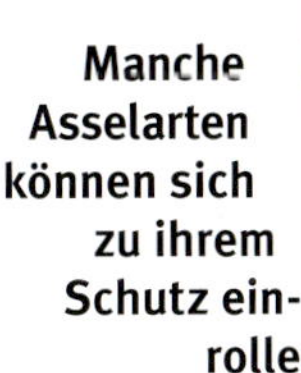

Manche Asselarten können sich zu ihrem Schutz einrollen

Einige Asselarten sind sehr skurril, so wie diese aus Madagaskar

Extra

Ein Assel-Terrarium

Asseln sind hochinteressante Lebewesen! Es lohnt sich, sie einmal näher zu beobachten. Gib dazu in eine Kunststoffschale etwas ganz leicht feuchte Erde aus Garten oder Wald. Füge Verstecke für die Tiere hinzu, zum Beispiel flache Steine und Holzstücke oder Rindenstücke von Laubbäumen. Auch Falllaub sollte nicht fehlen – die Asseln fressen es und verstecken sich darin. Zusätzlich füttern kannst Du sie beispielsweise mit etwas Fischflockenfutter. Und sorge dafür, dass immer genügend Feuchtigkeit in Deinem Asselzoo vorhanden ist.

Übrigens: Züchter bieten eine ganze Reihe teils sehr großer und oft wunderschön gefärbter Asselarten aus verschiedenen Ländern an. Wenn Du Dich vorab gründlich über ihre Ansprüche informierst, lassen auch viele von ihnen sich ganz einfach halten und vermehren!

Asseln zu beobachten und zu züchten, macht unheimlich Spaß!

Für die Haltung im Terrarium werden inzwischen viele sehr hübsche Arten und Zuchtformen angeboten

Etliche Asselarten sind nicht schwierig zu pflegen

Spannende Beobachtungen

Mit Landasseln kannst Du interessante Beobachtungen durchführen. Hier zwei kleine Untersuchungen, die klären sollen, ob Deine Asseln trockene und feuchte Lebensräume aktiv aufsuchen können und ob sie lieber im Hellen oder im Dunklen hausen. Setze sie danach schnell wieder in ihr artgerechtes Terrarium.

Suchen nach einiger Zeit mehr Asseln im feuchten Bereich Schutz oder im trockenen?

Trocken oder feucht?

Schneide zwei Halbkreise aus einem Papierkaffeefilter oder Papierküchentuch aus. Befeuchte die eine Hälfte mit Wasser und lege sie in eine Schale. Die trockene Hälfte heftest Du mit Klebestreifen in einem Abstand von einem Zentimeter neben das feuchte Papier. Gib nun zehn Asseln in die kleine Arena und lege einen undurchsichtigen Deckel als Abdeckung auf die Schale. Schau von Zeit zu Zeit unter dem Deckel nach und vergleiche die Anzahl der Asseln auf dem trockenen Papier mit derjenigen der Tiere im feuchten Lebensraum. Was fällt Dir auf?

Aus schwarzem Tonpapier kannst Du einen Unterschlupf für die Asseln bauen

Hell oder dunkel?

Stelle aus schwarzem Karton ein flaches Kästchen mit einem Zentimeter Höhe her und befestige es mit Klebestreifen auf dem Boden einer Schale, mit der Öffnung zur Schalenmitte. Gib jetzt einige Asseln in die Schale und beobachte, wie die Asseln sich verhalten.

Werden die Asseln im hellen Bereich bleiben oder das dunkle Versteck aufsuchen?

Besondere Herausforderungen beim Leben an Land

Bei Insekten vermindert eine Wachsschicht auf dem Chitinpanzer, dass ihre Körperflüssigkeit zu rasch verdunstet. Landasseln besitzen eine solche Schutzschicht nicht und können daher rasch austrocknen – daher leben sie nur an Stellen, die ständig etwas feucht sind.

Wasserasseln besitzen auf der Unterseite im hinteren Bereich des Körpers dünnhäutige Schwimmbeine. Diese Beine dienen ihnen als Kiemen. Mit ihnen nehmen die Wasserasseln Sauerstoff aus dem Wasser auf, atmen also. Landasseln haben diese Beine zu Organen zum Atmen von Luft umgewandelt. Da sich Sauerstoff am leichtesten in Wasser löst, befindet sich bei Landasseln auf diesen Beinen immer ein dünner Wasserfilm. Darüber kann der Sauerstoff durch das hauchdünne Chitin direkt in die Blutflüssigkeit übernommen werden. Das Wasser verdunstet natürlich ständig, wird aber über Wasserkanäle auf der Bauchseite der Assel sofort ersetzt, die über die Nierenöffnung am Kopf gespeist werden.

Im Wasserfilm der Kiemen von Landasseln haust eine hochinteressante Lebensgemeinschaft mikroskopisch kleiner Tierchen. Besondere Fadenwürmer, Rädertierchen und einzellige Wimpertierchen haben sich an diesen Lebensraum angepasst. Häutet sich die Assel, schwimmen die „Untermieter“ aus der abgestreiften Hülle in den neuen Kiemenraum der Assel.

Einige Landasseln, zum Beispiel Kellerasseln und Rollasseln, haben zusätzlich Einstülpungen („weiße Körper“) an diesen Beinen, über die sie Sauerstoff direkt aufnehmen können, also ohne dass er zuvor in einem Wasserfilm gelöst wird. Solche Arten können durch diese Ausbildung von „Lungen“ auch in etwas trockeneren Lebensräumen überleben.

Wasserasseln atmen über Beine im hinteren Bereich des Körpers, die wie Kiemen funktionieren

Auch an Land lebende Asseln sind immer auf Feuchtigkeit angewiesen

An Land lauern viele Gefahren. Der Große Asseljäger, eine Sechsaugenspinne, ist auf Asseln als Nahrung spezialisiert.

Wüstenasseln

Einigen Asselarten ist es sogar gelungen, in Wüsten zu überleben. Sie bohren sich bis zu 30 Zentimeter tiefe Röhren in den Sand und leben dort in Familienverbänden. Zuerst sitzt nur ein Weibchen am Eingang der selbst gegrabenen Röhre. Kommt ein Männchen vorbei, balzt es das Weibchen an, und wenn dieses den Partner in die Röhre lässt, verpaaren sie sich.

Nach einiger Zeit ist die Röhre mit bis zu 100 kleinen Jungtieren gefüllt. Anfangs werden sie von den Elterntieren gefüttert, wobei eines davon den Eingang zur Röhre bewacht, während das andere Nahrung heranschafft. Sind die Jungtiere zwei bis drei Wochen alt, gehen sie selbst auf Nahrungssuche, fressen aber auch Geschwister und sogar die Elterntiere, wenn diese ihr Lebensende erreicht haben. Das erscheint Dir vielleicht merkwürdig oder gar grausam, aber auf diese Weise gehen in dem kargen Lebensraum der Tiere keine wertvollen Nährstoffe verloren.

Der Wächter am Röhreneingang lässt nur Asseln mit dem typischen Familiengeruch ein. Die Tiere können sich also am Geruch erkennen, und familienfremde Asseln werden verscheucht oder aufgefressen, wenn sie versuchen, in die Röhre einzudringen. Ein anderes Mitglied des Familienverbands, die Putzassel, hält die Röhre sauber. Die Röhre scheint eine Voraussetzung für die Asseln zu sein, um mit dem extremen Wüstenklima klarzukommen, sogar im heißen und trockenen Sommer.

Ruhezeit im Winter

In den Wüsten kann es im Winter sehr kalt werden. Diese Zeit überstehen die Wüstenasseln in einer Art Winterschlaf. Im Frühjahr löst sich der Familienverband auf, und die Tiere versuchen ihr Glück alleine: Sie gründen ihren eigenen Familienverband in einer neuen Wohnröhre.

Hättest Du gedacht, dass selbst in Wüsten Krebstiere leben? Diese Wüstenasseln haben sich an das Leben in trockenheißen Lebensräumen perfekt angepasst.

Flohkrebse

Keine Flöhe

Der Name Flohkrebs lässt Dich vielleicht glauben, die Tiere seien mit den Flöhen verwandt. Das ist aber nicht der Fall: Flöhe zählen zu den Insekten. Der Name kommt daher, dass viele Flohkrebse sehr klein sind und ähnlich wie Flöhe hüpfen können.

Flohkrebse ähneln den Asseln in vielerlei Hinsicht. Sie sind allerdings im Gegensatz zu den Asseln seitlich abgeplattet. Zwar sind einige tropische Arten wie ihre Namensvettern, die Flöhe, tatsächlich nur zwei Millimeter lang, andere dagegen sind Riesen: Einige Tiefseebewohner werden bis zu 30 Zentimeter groß! Die meisten bei uns vorkommenden Arten messen zwischen einem und zwei Zentimetern.

Ein Großteil der 10 000 Arten lebt im Meer, viele im Süßwasser oder unterirdisch im Grundwasser. Dort sind sie für uns Menschen sehr wichtig, denn sie filtern Schwebstoffe, Bakterien und Einzeller aus dem Grundwasser, aus dem wir unser Trinkwasser gewinnen.

Eine Gruppe von 350 Arten haust sogar an Land, unter Steinen oder im Sand grabend. Diese landlebenden Flohkrebse können sich übrigens hüpfend fortbewegen und gaben daher wahrscheinlich allen Flohkrebsen ihren Namen. Vielleicht hast Du diese Strandhüpfer ja schon einmal am Meeresufer gesehen – mehr zu den hüpfenden Flohkrebsen weiter unten.

Und wie sieht es mit dem Stechen aus? Können Flohkrebse etwa Blut saugen wie die Flöhe? Ja, es gibt einige Flohkrebse, die an lebenden Fischen knabbern und sogar einen Fall, bei dem ein Junge namens Sam Kanizay in Australien wahrscheinlich von Flohkrebsen attackiert wurde. Sam traf sich mit Freunden am Strand von Brighton in der Nähe von Melbourne zum Fußballspielen und kühlte nach dem Spiel seine Füße im Wasser ab. Als er nach einiger Zeit aus dem Wasser kam, waren die Füße blutüberströmt. Die mutmaßlichen Täter waren schnell ausgemacht: bestimmte Flohkrebse, die normalerweise tote Meeresbewohner vertilgen, also Aas.

Wenn Du „Floh“ hörst, denkst Du sicher an ein winziges Tier, und das trifft auf viele Flohkrebse auch zu. Allerdings gibt es unter dieser Tiergruppe auch wahre Riesen.

Dieser Flohkrebs hat es als kleine Berühmtheit sogar auf eine Briefmarke geschafft

Der Marienkäfer-Flohkrebs erinnert mit seinen Punkten an das Insekt, dem er seinen Namen verdankt

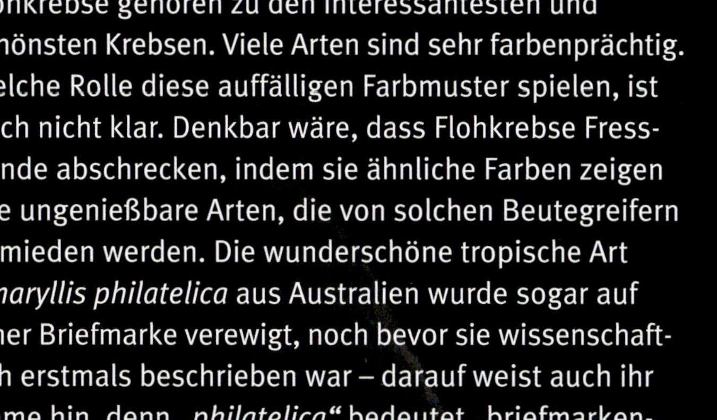

Flohkrebse gehören zu den interessantesten und schönsten Krebsen. Viele Arten sind sehr farbenprächtig. Welche Rolle diese auffälligen Farbmuster spielen, ist noch nicht klar. Denkbar wäre, dass Flohkrebse Fressfeinde abschrecken, indem sie ähnliche Farben zeigen wie ungenießbare Arten, die von solchen Beutegreifern gemieden werden. Die wunderschöne tropische Art *Amaryllis philatelica* aus Australien wurde sogar auf einer Briefmarke verewigt, noch bevor sie wissenschaftlich erstmals beschrieben war – darauf weist auch ihr Name hin, denn *„philatelica“* bedeutet „briefmarkenkundlich“.

Einige Arten der Flohkrebse sind extrem hübsch!

Auch die skurrilen Gespenstkrebse zählen zu den Flohkrebsen. Sie ähneln Gottesanbeterinnen und machen wie diese mit ihren speziellen Fangbeinen Beute.

Extra

Bachflohkrebse im Aquarium

Bei genauem Hinsehen wuseln Krebschen unter den Steinen im Bach

Bachflohkrebse leben am häufigsten unter Steinen oder in Wasserpflanzen in flachen, schnell fließenden Bächen. Wenn Du ein paar davon im Aquarium beobachten möchtest, besorge Dir erst von der zuständigen Stelle eine Erlaubnis – dann kann es in Begleitung eines Erwachsenen losgehen. Nimm ein feinmaschiges Küchensieb und eine verschließbare Box oder ein Einmachglas samt Deckel mit. Zieh das Sieb durch die Wasserpflanzen, gegen die Strömung. Liegen am Bachboden Steine, dann stell das Küchensieb aufrecht neben einen Stein, wiederum gegen die Strömung, und hebe den Stein hoch. Leben Flohkrebse unter dem Stein, so werden sie, der Strömung folgend, in Dein Sieb schwimmen.

Schüttle nun einige wenige Flohkrebse in die zu einem Drittel mit Bachwasser befüllte Box oder das Glas und verschließe den Behälter. Zu Hause kannst Du ihnen ein kleines Aquarium einrichten mit Sandboden, Steinen und etwas Javamoos sowie Falllaub. Es sollte kühl stehen und das Wasser sollte durchlüftet sein. Verfüttere sehr sparsam fein verriebenes Futter für pflanzenfressende Fische und wechsle regelmäßig einen Teil des Wassers.

In sauberen, seichten Gewässern kannst Du Flohkrebse leicht finden

Junge im Brutbeutel

Bis zu 30 Eier entwickeln sich im Brutbeutel der Bachflohkrebse. Nach etwa drei Wochen schlüpfen die Jungtiere und bleiben noch einige Tage im Brutbeutel, bevor sie ins freie Wasser entlassen werden.

Kleine Wasserexperten

Die Berliner Wasserbetriebe nutzen den Bachflohkrebs, um die Wasserqualität zu prüfen. Die Krebschen leben in kleinen Kammern, durch die das Grundwasser geführt wird. Gelangen giftige Schwermetalle ins Wasser, reagieren die Flohkrebse sofort mit hektischem Schlagen ihrer Schwimmbeine. Die Beinbewegung wird elektronisch registriert, und die Laborleute des Wasserwerks sind gewarnt und können etwas gegen die Giftstoffe unternehmen.

Die Flohkrebse halten sich mit ihren nach oben gedrehten hinteren Laufbeinen in den Wasserpflanzen fest oder bewegen sich auf der Seite liegend kriechend am Boden fort. Manchmal siehst Du zwei Flohkrebse zusammen als Tandem schwimmen. Das kleinere Tier ist das Weibchen. Es wird vom Männchen mit den beiden Greifbeinen festgehalten. Das Männchen nimmt durch die Geruchsborsten an den ersten Antennen wahr, dass das Weibchen sich bald häuten wird. Nur direkt nach einer Häutung kann das Weibchen Eier legen, weil der Panzer dann weich ist und die Eier aus zwei Öffnungen auf der Bauchseite flutschen können – sie werden dann vom Männchen befruchtet. Da das Männchen rechtzeitig zur Stelle sein möchte, hält es das Weibchen fest und kommt dann sofort zum Zuge, wenn das Weibchen Eier legt.

Bachflohkrebse zu beobachten, bereitet viel Freude!

Wenn Du Flohkrebse entdecken möchtest, dreh einfach Steine um – darunter sitzen die Tiere nämlich besonders gern!

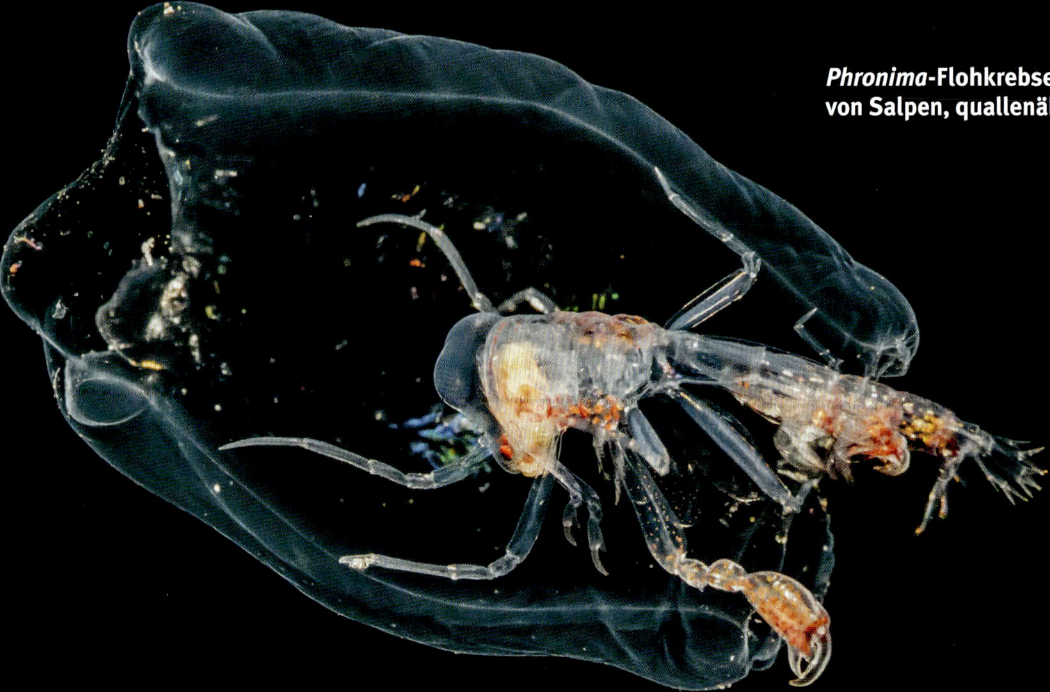

Phronima-Flohkrebse hausen im Körper von Salpen, quallenähnlichen Tieren

Flohkrebse mit „fahrbarem Untersatz“

Einige Flohkrebs-Arten aus dem Meer sind völlig durchsichtig. Sie schweben zeitlebens im Wasser oder sitzen auf Quallen. Diese Flohkrebse leben auf den Quallen wie auf einer beweglichen Insel, ziehen darauf ihre Nachkommen groß und fressen sogar die Gallerte der Tiere, also die durchsichtige Körpermasse.

Phronima-Flohkrebse dagegen fressen sich in Salpen hinein, quallenähnliche Tiere. Mit diesen ausgehöhlten, tönnchenförmigen Glibbertieren sausen sie durch das Wasser, auf der Suche nach Nahrung. Unter dem Mikroskop sehen diese *Phronima*-Flohkrebse ziemlich unheimlich aus und dienten als Vorbild für das außerirdische Schreckenswesen aus dem Gruselfilm „Alien“.

„Läuse“ des Meeres

Auch Wale können „Läuse“ haben: Allerdings sind das keine Insekten wie die richtigen Läuse, sondern Flohkrebse. Diese Walläuse leben oft zu Tausenden auf Walen und fressen am Blubber, der fetten Haut des Wals. Sie halten sich mit ihren kleinen Krallen an der Walhaut fest und können sich langsam auf dem Meeressäuger fortbewegen. Berühren sich Wale unter Wasser, zum Beispiel bei der Paarung, können die Walläuse von einem Wal zum anderen überwechseln.

Flohkrebse im Grundwasser

Wenn es regnet, versickert das Wasser an der Erdoberfläche und füllt unterirdische Spalten und Höhlen. Dieses Grundwasser wird nicht nur als Trinkwasser genutzt, sondern bietet auch Lebensraum für viele Tiere. Neben Würmern, Schnecken und Fischen leben auch besonders viele Krebse im Grundwasser. Besonders häufig sind Ruderfußkrebse (Hüpferlinge) und Höhlenflohkrebse.

Wie ihr Name es schon andeutet, kommen Höhlenflohkrebse auch in Höhlen vor, aber nur, wenn es darin Bäche oder Teiche gibt. Mehr als 300 sehr ähnliche Arten der Höhlenflohkrebse existieren. Unterscheiden können Flohkrebsspezialisten sie nur unter dem Mikroskop. Die meisten Höhlenflohkrebse sind winzig klein, aber einige Arten werden bis zu drei Zentimeter lang. Die Tiere sind blind, können sich aber mit ihren sehr langen zweiten Antennen tastend im Wasser orientieren. Sie fressen Bakterien und Geschwebe, also im Wasser schwebende, nahrhafte Teilchen aus sich auflösenden, abgestorbenen Tierchen und Pflanzen. Manchmal fangen sie auch Ruderfußkrebse.

Plankton

Als Plankton wird die Lebensgemeinschaft kleiner Tierchen, Einzeller, Algen und Bakterien bezeichnet, die im Wasser mit der Strömung herumtreiben. Dazu zählen auch manche der Flohkrebse und ihrer „fahrbaren“ Untersätze, von denen Du hier lesen kannst.

Mehr als 300 Arten der Flohkrebse leben ausschließlich in Höhlen

Ein Leben an Land

Etwa 350 Flohkrebsarten leben an Land, die meisten von ihnen in unmittelbarer Nähe zum Meer. Zum Beispiel haust der 1,5 Zentimeter lange Strandfloh in der Nähe des Spülsaums und gräbt sich dort im Sand ein. Andere Arten findest Du unter dem Strandanwurf. Das sind angespülte Blätter von Seegräsern und angeschwemmtes Holz, die sich oft bis zu einem Meter aufhäufen. Wenn Du das Seegras hochhebst, springen Dir Tausende der kleinen Flohkrebse entgegen. Beide Lebensweisen, also das Graben im Sand und das Leben unter dem Strandanwurf, verhindern das Austrocknen der Tiere. Wissenschaftler haben genau untersucht, wie solche Flohkrebse hüpfen. Mit Zeitlupen-Kameras konnten sie jede Phase des Springens beobachten. Die Tiere stoßen sich zuerst mit dem hinteren Laufbeinpaar nach oben. Dann streckt sich das unter die Bauchseite gebogene Hinterende, und der Flohkrebs hebt ab. Er fliegt aber nicht gerade durch die Luft, sondern überschlägt sich vier bis sechs Mal.

Orientierungs-Künstler

In der Nacht oder am frühen Morgen hüpfen die Strandflöhe viele Meter den Strand hinauf, also weg vom Meer, und suchen dort nach Nahrung. Um wieder zum feuchten Lebensraum in der Nähe des Meeres zu gelangen, haben sie im Lauf ihrer Entwicklungsgeschichte ein ausgeklügeltes Orientierungsverhalten entwickelt: Sie orientieren sich am Stand der Sonne und des Mondes. Da sich der Stand der Sonne und des Mondes im Tagesverlauf ständig ändert, „berechnen" die Flohkrebse die Veränderung der jeweiligen Positionen ein. Auch nutzen einige landlebende Flohkrebse das Magnetfeld der Erde als Kompass.

Ein Wissenschaftler sammelt die Fallen für Strandflöhe ein, die er am Meeresufer aufgestellt hatte

Nicht alle landlebenden Flohkrebse sind am Meer zu Hause. Eine Art ist in Deutschland die Flüsse hochgewandert und kommt weit im Binnenland vor. Andere, tropische Arten finden sich abseits von Gewässern in feuchten Regenwäldern. Eine dieser Regenwaldarten wurde mit Zierpflanzen bis nach Europa gebracht und gedeiht seitdem prächtig in Gewächshäusern von botanischen Gärten.

Strandflöhe sind hervorragend getarnt

Leben im Süßwasser-Plankton

Nicht nur im Meer, sondern auch im Süßwasser gibt es Plankton. Ein ganzer Zoo aus kleinen Tieren und ein botanischer Garten aus winzigen Algen schweben im freien Wasser von Seen und Teichen.

Insbesondere Ruderfußkrebse und Wasserflöhe gehören zu dieser Planktongemeinschaft. Die Krebse aus beiden Gruppen bewegen sich ruckartig hüpfend durch das Wasser, angetrieben durch ihre Antennen, mit denen sie Schwimmbewegungen durchführen.

Wasserflöhe schwimmen oft in großer Zahl durchs Wasser

Daphnia, der Wasserfloh

Schau Dir einmal den Wasserfloh *Daphnia* an. Der Kopf hat eine kleine Spitze, die wie eine Nase aussieht, darunter befindet sich ein Paar winziger erster Antennen. Ein Paar großer, zweiästiger zweiter Antennen sitzt beiderseits des Kopfes. Unterhalb des Kopfes umgibt die Schale den Körper. Sie ist auf der Bauchseite offen. Im Inneren der Schale schlagen fünf Beinpaare und pumpen Wasser mit Geschwebe an die Beine. An den dritten und vierten Beinpaaren tragen die Wasserflöhe Kämme aus Borsten, mit denen sie winzige Tierchen, Bakterien oder Algen aus dem Wasser filtern können.

Die Beine dienen nicht der Fortbewegung. Die wird vielmehr von den zweiten Antennen geleistet: Sie führen durch die Ruderbewegung zu der zuckenden, hüpfenden Fortbewegung, der unser Wasserfloh seinen Namen verdankt.

Der Hinterleib ist auf der Bauchseite etwas nach vorne gekrümmt, mit zwei Krallen am Ende. Daher stammt der Name „Krallenschwänze" für die Gruppe der Wasserflöhe. Auf der Rückenseite der Weibchen befindet sich ein Brutraum. In ihm findest Du manchmal Eier oder sogar Jungtiere. Der Brutraum ist hinten von einer Klappe verschlossen. Am Hinterende des Wasserflohs siehst Du einen Stachel.

Da Wasserflöhe durchsichtig sind, kannst Du in sie hineinschauen. Hier siehst Du beispielsweise die gelblichen Eier, die dieses Weibchen unter seiner Schale trägt. Das „Geweih" sind die Antennen, mit denen das Tier schwimmt.

Da Wasserflöhe durchsichtig sind, kannst Du in das Innere des Körpers hineinschauen. Am Kopf siehst Du ein großes, schwarzes Komplex-Auge, das aus 22 Einzelaugen zusammengesetzt ist. Es zittert leicht, durch Muskeln ständig in Bewegung gehalten. Durchsichtige Kügelchen am Rand des Auges bündeln als Linsen das Licht. Der Wasserfloh kann damit Hell und Dunkel unterscheiden, aber keine Bilder sehen. Zwischen den Augenmuskelsträngen kannst Du sogar die Sehnerven erkennen, die in das Gehirn hineinziehen. Zusätzlich haben sie auch noch ein winziges Einzelauge, das sogenannte Naupliusauge. Im Inneren des Körpers erkennst Du den Darm als geschwungenes Rohr, besonders gut, wenn er gefüllt ist. Neben dem Darm befindet sich der Eierstock, in dem sich Eizellen unterschiedlichen Reifegrads befinden. Auf der Rückenseite schlägt ziemlich schnell das kugelige Herz und pumpt eine farblose bis hellrosa Flüssigkeit durch das Innere des Körpers. Blutgefäße sind nicht ausgebildet.

Weibchen können drei bis vier Millimeter lang werden. Männchen sind deutlich kleiner und haben unter der „Nase" längere erste Antennen als die Weibchen.

Blaublütig

Im Gegensatz zu Wasserflöhen besitzen viele andere Krebse als Blutfarbstoff, der Sauerstoff bindet, normalerweise Hämocyanin und deshalb eine eher bläuliche Blutflüssigkeit.

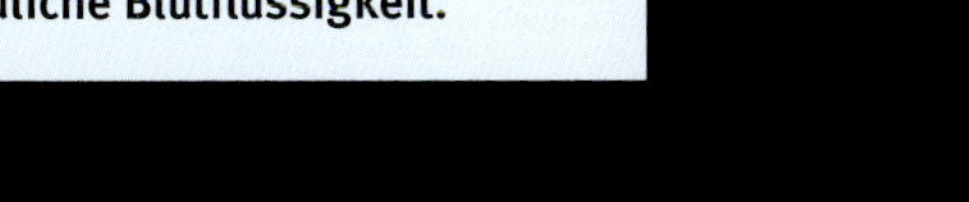

Schmutz kann lecker sein!

Einige Wasserflöhe, so auch unsere *Daphnia*-Wasserflöhe, leben häufig in schmutzigem Wasser, weil dort viel Nahrung vorhanden ist. Allerdings hat das auch Nachteile. Oft ist der Sauerstoffgehalt in diesen Gewässern sehr niedrig. Dem begegnen die Wasserflöhe mit einem für Krebse ungewöhnlichen Blutfarbstoff, dem roten Hämoglobin, das auch in unserem Menschenblut für den Sauerstofftransport sorgt. Der rote Farbstoff kann Sauerstoff besonders gut binden. Da das Hämoglobin, anders als bei uns Menschen, nicht in Blutzellen, sondern frei in der Blutflüssigkeit vorkommt, erscheinen die Wasserflöhe insgesamt rötlich oder hell rosafarben. Besonders in kleinen Tümpeln, in denen keine Fische leben, die sie ansonsten fressen würden, können Wasserflöhe sich so stark vermehren, dass das Wasser durch bis zu 20 000 Wasserflöhe pro Liter rötlich erscheint.

Manche Arten der Wasserflöhe leben oft in relativ schmutzigem Wasser

Überlebenskünstler

Wasserflöhe können in sehr schmutzigem Wasser mit wenig Sauerstoff leben. Für die meisten Wasserflohfresser, wie zum Beispiel Fische, ist es dort zu schmutzig. Wasserflöhe können besonders in mit Gülle verschmutzen Teichen so häufig werden, dass sie das Wasser rötlich färben.

Der rote Blutfarbstoff Hämoglobin hilft Wasserflöhen, selbst in Gewässern mit niedrigem Sauerstoffgehalt zu überleben

Oft schließen sich Wasserflöhe zu regelrechten Schwärmen zusammen

Wasserflöhe, Sonne und Räuber

Wasserflöhe fressen während der Nacht nahe der Wasseroberfläche und wandern während des Tages in tiefere Wasserschichten. Sie weichen auf diese Weise Fischen aus, die Wasserflöhe als Nahrung lieben und im flachen Wasser gut sehen können. Zudem vermögen Wasserflöhe die Fische in ihrem Gewässer zu „riechen“ oder besser gesagt zu „schmecken“, denn Riechen funktioniert nur über die Luft. Leben keine Fische in dem Gewässer, bilden Wasserflöhe mehr Pigmente in der Schale und sind so weniger empfindlich gegen die Strahlung der Sonne. Befinden sich dagegen Fische im Gewässer, sind die Wasserflöhe weniger pigmentiert, also durchsichtiger und daher weniger sichtbar für die Fressfeinde.

Merkwürdigerweise verändert sich die Körperform von Wasserflöhen im Lauf des Jahres oder wenn Fische im Gewässer leben. Dann nimmt die Länge des Kopfes und des Stachels am Körperende zu. Fressen die Räuber die stachlige Beute vielleicht weniger gerne und überleben die Wasserflöhe daher besser, oder lässt die Verlängerung des Körpers im Sommer die Wasserflöhe besser im Wasser schweben? Beides scheint zuzutreffen.

Der Wasserfloh reagiert auf Licht

Während die *Daphnia*-Wasserflöhe starker Sonnenstrahlung und Fressfeinden durch eine Auf- und Abwanderung im Wasser im Tagesverlauf entgehen, werden sie gleichzeitig von Licht angezogen. Das kannst Du mit einem einfachen Experiment untersuchen:

Fange mit einem feinmaschigen Kescher (ein Nylon-Damenstrumpf tut es auch) beispielsweise aus Eurem Regenfass oder, wenn Du die Erlaubnis hast, aus einem Teich einen Schwarm ein und gib ihn mit Tümpelwasser in ein hohes Glasgefäß, zum Beispiel ein altes Gurkenglas oder eine Glasvase. Wickle schwarze Pappe um das Gefäß und schneide ein ungefähr einen Zentimeter hohes und fünf Zentimeter breites Fenster an einer Seite des Gefäßes in die Pappe. Richte das Licht einer Schreibtischlampe seitlich durch dieses Fenster in das Wasser und warte etwa einen halben Tag.

Wenn Du die Pappe nun wegnimmst, wirst Du sehen, dass die Wasserflöhe sich in dem Bereich des Fensters gesammelt haben. Die Wasserflöhe können mit ihren Augen die Richtung des Lichts wahrnehmen und schwimmen darauf zu. Möglicherweise folgen sie auch ihrer Nahrung, denn einzellige Algen schwimmen ebenfalls zum Licht.

Wasserflöhe schwimmen zum Licht

An Wasserflöhen kannst Du spannende Beobachtungen machen!

Mist!

Wasserflöhe werden als Fischfutter extra gezüchtet: Man nehme eine Wassertonne, gebe einige Wasserflöhe hinein und ein paar Pferdeäpfel dazu, warte einige Wochen – fertig ist die Wasserflohmassenzucht!

Weibchen, Weibchen, Weibchen ... und manchmal auch Männchen

Wenn Du Wasserflöhe mit der Lupe untersuchst, wirst Du feststellen, dass fast alle Weibchen sind. Das erkennst Du am Brutraum im Rückenbereich des Wasserflohs, in dem meistens Jungtiere oder Eier vorhanden sind. Aus diesen Eiern werden durch Jungfernzeugung, also ohne Männchen, Weibchen, die später wiederum Weibchen erzeugen. Alle 5–10 Tage kann ein Weibchen einen Schwung junger Weibchen ins Wasser entlassen, die dann wiederum sehr schnell neue Weibchen produzieren. Wasserflöhe werden etwa 50–85 Tage alt.

In der Natur werden Männchen meist erst später im Jahresverlauf von den Weibchen erzeugt. Sie haben keinen Brutraum, sind halb so groß wie Weibchen und besitzen ein paar besonders lange erste Antennen, zusätzlich zu den riesigen zweiten Ruderantennen.

Wenn sich Männchen und Weibchen paaren, produzieren die Weibchen zwei spezielle, besonders robuste, dunkelbraune Dauereier. Sie sitzen in einer milchigen, dunkelbraunen Kapsel, dem sogenannten Sattel. Stirbt das Weibchen, bleibt die Kapsel mit den zwei Dauer-Eiern erhalten. Sie kann sogar austrocknen, vom Wind verbreitet werden oder in Federn von Wasservögeln hängen bleiben und darin weit transportiert werden. Das Wort „Dauer-Ei“ ist keineswegs übertrieben, selbst nach 100 Jahren kann man die Eier noch „aufwecken“, sodass die Jungen sich entwickeln und schlüpfen. Auf diese Weise überstehen die Dauer-Eier harte Winter oder eine Austrocknung des Gewässers, und neue Weibchen können selbst in vorher unbesiedelten Lebensräumen ausschlüpfen, zum Beispiel der Regentonne bei Dir zu Hause. Deren Eier werden dann wieder zu normalen, durchsichtigen „Sofort“-Eiern, aus denen wiederum Weibchen schlüpfen. Später, irgendwann im Lauf des Jahres, werden die Weibchen dann wieder von Männchen befruchtet, Dauer-Eier produziert – und alles beginnt von vorne.

Hier siehst Du, wie Wasserfloh-Jungtiere ins freie Wasser entlassen, also sozusagen geboren werden. Sie haben sich noch im Mutterleib in ihrem Ei entwickelt.

Andere Wasserflöhe

Weltweit gibt es 450 Wasserfloh-Arten, davon allein in Deutschland 90. Zwei Gattungen kommen im Meer vor, ansonsten leben Wasserflöhe im Süßwasser. Zwei besonders spannende Süßwasserarten möchte ich Dir hier vorstellen:

Der Kahnfahrer-Wasserfloh kann die Kahmhaut des Wassers abweiden

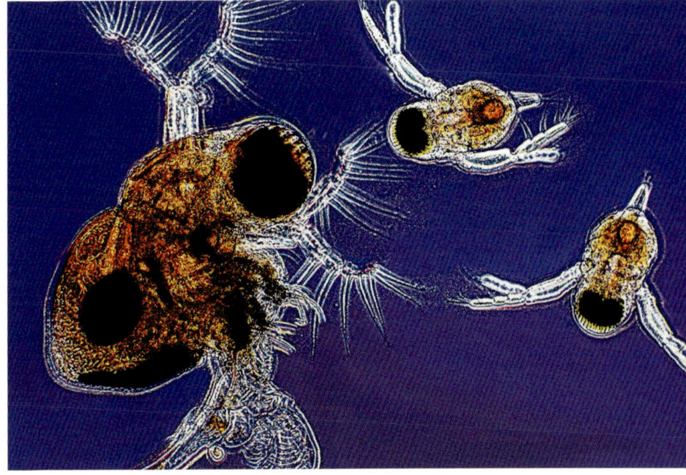

Ein riesiges Auge besitzt der Raubwasserfloh *Polyphemus*

Der „Kahnfahrer" *Scapholeberis* gleitet mit der Bauchseite direkt unterhalb der Wasseroberfläche entlang. Dabei weidet der Wasserfloh die Kahmhaut von der Unterseite ab. Vielleicht hast Du eine Kahmhaut schon einmal auf Pfützen oder in altem Wasser in einer Blumenvase gesehen. Sie sieht so aus, als ob eine Ölverschmutzung in dem Gewässer stattgefunden hätte, weil sie vielfarbige Schlieren auf der Wasseroberfläche zeigt. Die Schlieren erscheinen durch Lichtbrechungen an einem dünnen Film aus Bakterien, einzelligen Tieren, Algen und Pilzen. Diese Kleinstlebewesen frisst der Kahnfahrer.

Der Raubwasserfloh *Polyphemus* ist ein bis drei MIllimeter lang und völlig durchsichtig. Er hat ein riesiges Auge, mit dem er seine Beute sehen kann: Dieser Wasserfloh jagt gerne junge Wasserflöhe anderer Arten, die er mit seinen Beinen ergreifen und zerreißen kann.

Sagenhafter Namenspate

Seinen wissenschaftlichen Namen verdankt der Raubwasserfloh *Polyphemus* dem Riesen Polyphem aus der Sagenwelt der alten Griechen. Dieser Riese besaß nur ein einziges, großes Auge mitten auf der Stirn – und auch der Raubwasserfloh hat so ein riesiges Auge.

Uralte Vorfahren

Warum werden die Kiemenfuß-Krebse eigentlich Urzeitkrebse genannt? Weil ihre Vorfahren vor 360 Millionen Jahren schon ganz genauso aussahen. Diese Tiere haben ihr Aussehen also seit „Urzeiten" kaum geändert. Solche Arten bezeichnet man auch als „lebende Fossilien". Zum Vergleich: *Tyrannosaurus rex* lebte vor „nur" rund 67 Millionen Jahren.

Urzeitkrebse

Vielleicht sind Dir Urzeitkrebse schon einmal als Beilage von Zeitschriften für junge Leute oder als Zuchtset aus dem Spielwarengeschäft begegnet. In diesen Experimentiersets findest Du die Dauer-Eier von Urzeitkrebsen verschiedener Arten. Die Larven daraus lassen sich leicht zum Schlüpfen bringen, und mit etwas Glück wachsen sie bei guter Pflege zu erwachsenen Tiere heran.

Urzeitkrebse gehören in den Verwandtschaftskreis der Wasserflöhe. Alle diese Kiemenfuß-Krebse, wie sie eigentlich heißen, besitzen dünne Blattbeine, die sich schnell vor- und zurückbewegen und dabei kleine Partikel aus dem Wasser filtern. Anders als die Wasserflöhe, die sich durch das Schlagen der zweiten Antenne fortbewegen, nutzen Urzeitkrebse ihre Blattbeine auch zum Schwimmen.

Salzkrebschen (Salinenkrebse)

Die rosafarbenen Salzkrebschen (Gattung *Artemia*) kommen in der Natur in großen Salzseen vor, zum Beispiel dem Großen Salzsee in Utah in den USA, oder in Salinen. Salinen sind flache Becken, die zur Salzgewinnung nahe dem Meer mit Meerwasser geflutet werden. Das Meerwasser lässt man dort verdunsten, das Meersalz kristallisiert aus und kann als Speisesalz geerntet werden.

Ähnlich unseren *Daphnia*-Wasserflöhen können Salzkrebschen sich auf verschiedene Weise fortpflanzen: Durch Jungfernzeugung erzeugen sie sehr schnell weibliche Nachkommen, indem sie dünnschalige Eier ablegen. Oder sie können die Eier mit einer speziellen Zwitterdrüse ohne die Anwesenheit von Männchen befruchten. Daraus schlüpfen nach ein bis zwei Tagen winzige Larven, die sogenannten Nauplien. Bei guter Ernährung wachsen die Larven zu erwachsenen Tieren von einem bis drei Zentimetern Länge heran.

Spezialisten

Einige Lebensräume sind derart lebensfeindlich, dass dort nur Tiere mit besonderen Anpassungen leben können. Diese Spezialisten kommen zum Beispiel wie unsere Salzkrebschen mit hohen Salzkonzentrationen klar. Da keine anderen Tiere in solchen Salzseen leben können, haben sie auch keine Nahrungskonkurrenten und können zu enormen Schwärmen heranwachsen. Auch Feinde wie Fische, die normalerweise gerne Krebse fressen, existieren dort nicht. Also für diese Spezialisten ein idealer Lebensraum!

Es gibt aber auch Salzkrebsgemeinschaften mit Weibchen und Männchen, die zeitweise verbunden mehrere Tage zusammen in Tandems schwimmen. Das Männchen befruchtet die Eier des Weibchens, die in einem Brutsack heranreifen. Nach einigen Tagen schlüpfen aus dem Brutsack die Larven. Alle paar Tage können die Weibchen über 100 Larven freisetzen.

Wenn der Salzgehalt übermäßig steigt und das Leben für die Salzkrebschen schwierig wird, produzieren sie ähnlich wie Wasserflöhe Dauer-Eier. Solche Dauer-Eier findest Du in Aquariengeschäften, weil Fischzüchter die Salzkrebschen als Futter für Jungfische heranziehen. Du kannst diese Artemien-Eier dort für wenig Geld kaufen und in einem Schälchen schlüpfen lassen. Löse dafür zwei Esslöffel Salz in einem Liter Wasser und fülle es zusammen mit einigen Dauereiern in eine Schale. Stelle sie bei rund 25 Grad Celsius auf ein Fensterbrett und suche regelmäßig mit einer Lupe nach den Larven. Die kleinen Larven Deiner neuen Haustiere fressen gerne Trockenhefe. Sie machen eine Folge von Häutungen durch, und nach etwa drei bis vier Wochen sind die Salzkrebschen erwachsen. Sie fressen dann klein geriebene Futterflocken für Zierfische oder spezielles Futter für Salinenkrebse, das Du ebenfalls im Aquaristik-Fachgeschäft bekommst.

Rosa Beute

Vielleicht kennst Du aus dem Zoo rosafarbene Flamingos. Diese Vögel leben in der Natur unter anderem von den Salzkrebschen – und die Farbstoffe der Krebschen und ähnlicher Nahrung finden sich in den Federn der Vögel wieder. Im Zoo jedoch würden die Flamingos mit der Zeit ein weißes Gefieder bekommen, wenn man ihrer künstlichen Nahrung nicht solche Farbstoffe zufüttern würde.

Heimische Überlebenskünstler in extremen Lebensräumen

Verwandte der Salzkrebschen, verschiedene Feenkrebse, leben im Süßwasser. Allerdings nicht in dauerhaft bestehenden Gewässern, sondern in solchen, die es nur kurze Zeit im Jahr gibt – oder sogar nur alle paar Jahre: Wenn sich nach heftigen Regenfällen große Pfützen bilden, kann es sein, dass darin aus Dauer-Eiern Feenkrebse schlüpfen. In Windeseile wachsen sie heran und legen ihrerseits Dauer-Eier, bevor die Pfütze austrocknet. Die Embyronen in den Dauer-Eiern warten dann, bis endlich wieder günstige Bedingungen herrschen – erst jetzt entwickeln sie sich weiter und schlüpfen.

Solche Feenkrebse gibt es bei uns in Deutschland, Österreich und der Schweiz, aber auch weltweit. Erst kürzlich wurde eine Art entdeckt, die am heißesten Ort der Erde vorkommt, einer Wüste im Iran! Dort müssen sich die Tiere innerhalb kurzer Zeit entwickeln, wenn sich nach den seltenen Regenfällen einmal Pfützen gebildet haben.

Salinenkrebschen sind sehr filigran gebaut. Oben siehst Du ein Weibchen, unten ein Männchen.

Im Brutbeutel dieses Weibchens kannst Du gut die Dauereier erkennen

Urzeitkrebse sind ganz schön skurril. Hier siehst Du ein Weibchen des streng geschützten Sommer-Feenkrebses mit seiner knallbunt gefärbten Bruttasche.

Schildkrebse

Ein weiterer einheimischer Spezialist, der in sauberen, aber nur kurz bestehenden Gewässern lebt, ist der Frühjahrsschildkrebs *Lepidurus*. Taut im Frühjahr in unseren Wäldern der Schnee weg, bleibt Wasser in kleinen Pfützen oder in Reifenspuren auf Wegen zurück. Bevor diese Kleinstgewässer austrocknen, und das passiert ziemlich schnell, schlüpfen aus Dauer-Eiern Frühjahrsschildkrebse und entwickeln sich sehr schnell bis zur Geschlechtsreife.

Sein Verwandter, der Sommerschildkrebs *Triops*, schlüpft dagegen nur bei höheren Temperaturen. In manchen Pfützen und Lachen kommen Schildkrebse auch gemeinsam mit Feenkrebsen vor – die Schildkrebse haben die Feenkrebse dann zum Fressen gern ...

Sogar in Wüstengebieten gibt es Schildkrebse. Sie müssen sich rasend schnell entwickeln, denn durch die hohe Verdunstungsrate trocknen die Gewässer dort besonders rasch aus.

Auch verschiedene Arten von Schildkrebsen kannst Du in Form von Dauer-Eiern kaufen. Diese Tiere aufzuziehen und zu beobachten, macht sehr viel Spaß! Informiere Dich generell bei der Haltung von Urzeitkrebsen gründlich darüber, ob das bei der jeweiligen Art erlaubt ist, und natürlich über die Haltungsbedingungen, damit es auch wirklich klappt.

Übrigens: Dauer-Eier von Kiemenfußkrebsen sind extrem widerstandsfähig. Sie können beispielsweise komplett austrocknen. Man kann sie sogar bei minus 271 Grad Celsius einfrieren – und trotzdem schlüpfen nach dem Auftauen noch die Larven! Auch wenn sie bis auf 98 Grad Celsius erhitzt werden, nehmen die Eier keinen Schaden. Und sie überleben vier Jahre ohne Sauerstoff! Im US-amerikanischen Bundesstaat Utah hat man etwa 6 000 Jahre alte Dauer-Eier von Kiemenfußkrebsen gefunden, aus denen noch Larven ausschlüpften!

Heimische Urzeitkrebse kommen beispielsweise in solchen Lachen vor

Der heimische Sommerschildkrebs kann bis zu elf Zentimeter lang werden!

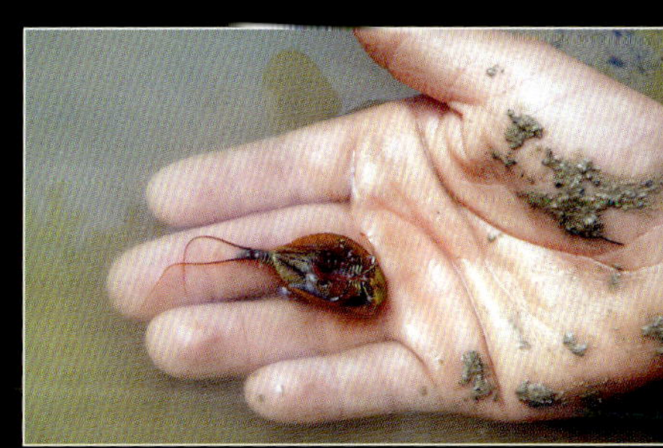

Auf der Unterseite siehst Du die Blattbeine des Sommerschildkrebses

Wenn die Pfützen austrocknen, sterben die Urzeitkrebse. Ihre Dauer-Eier aber liegen im Boden. Wenn die Bedingungen wieder stimmen, schlüpfen daraus die Larven.

Seepocken und Entenmuscheln auf Steinen und Walen

Eine Tiergruppe, deren Arten gar nicht aussehen wie Krebse und die doch dazugehören, sind die Rankenfußkrebse. Vielleicht kennst Du sie von Ferien am Meer. Seepocken sind kleine, weiße „Gewächse“ auf Steinen oder auf Muschelschalen und leben oftmals in der Gezeitenzone. Ihr Panzer besteht aus mehreren Kalkplatten, die kreisförmig angeordnet sind. An der Spitze können die Seepocken ihre deckelförmigen Platten öffnen, wenn sie sich bei Flut unter der Wasseroberfläche befinden. Dann ziehen sie ihre kammartig beborsteten Beine, die Rankenfüße, durch das Wasser und filtern damit nahrhaftes Geschwebe heraus. Wenn sie bei Ebbe trockenfallen, verschließen sie ihre Platten und können so Trockenheit und Hitze überstehen.

An Walen finden sich häufig Seepocken

Eine Riesen-Seepocke filtert Nahrung aus dem Wasser

Seepocken sind Zwitter: Zuerst leben sie als Männchen, dann wandeln sie sich in Weibchen um. Die Eier der Weibchen reifen innerhalb der Schale heran, bis die kleinen Larven schlüpfen. Obwohl die erwachsenen Tiere nicht gerade wie Krebse aussehen, ist die Form ihrer Larven sehr typisch für Krebse. Aus diesen Nauplius-Larven entwickelt sich ein weiteres Larvenstadium, das sich mit einem speziellen Klebstoff auf dem Untergrund festsetzt und zu einer erwachsenen Seepocke heranwächst.

Regelmäßig müssen vor allem Schiffsschrauben von Seepocken befreit werden, da sich sonst ihre Leistung verringert

Festgewachsen

Einmal auf einem Felsen festgewachsen, können Seepocken ihren Standort nicht mehr wechseln. Doch es gibt auch Seepocken, die auf der Haut von Buckelwalen sitzen. Sehr bequem reisen sie auf den Walen durch das Meer und gelangen so zu neuen Futterquellen, wenn der Wal auf Plankton trifft.

Mit ihren filigranen Tentakeln filtert diese Entenmuschel Nahrung aus dem Wasser

Mit den Seepocken nahe verwandt sind die Entenmuscheln. Sie heißen nur „Muscheln", sind aber in Wirklichkeit Krebstiere. Sie leben ähnlich wie Seepocken in der Gezeitenzone an Felsen festgewachsen. Mit langen, fleischigen Stielen sitzen sie am Untergrund fest und haben an der Spitze ähnliche Kalkplatten wie die Seepocken. Häufiger findest Du sie jedoch beim Strandwandern an angeschwemmten Bojen oder Treibholz.

Entenmuscheln gelten in Spanien als Delikatesse, aber im Vergleich zu vielen anderen wohlschmeckenden Krebsen sind Entenmuscheln wohl eher etwas für Fans.

An diesem Baumstamm, der lange im Wasser trieb, haben sich unzählige Entenmuscheln festgesetzt

Auch an Meeresschildkröten reisen Entenmuscheln manchmal mit

So stellten sich in früheren Zeiten die Menschen die Entstehung und Lebensweise der Entenmuscheln vor

Im Mittelalter glaubte man, in den Entenmuscheln die jungen Körper von Vögeln wiederzuerkennen, und mit ein bisschen Fantasie sehen sie tatsächlich nach Jungvögeln aus. Und da man sie häufig an angeschwemmtem Holz entdeckte, erfand man folgende Geschichte, die über Jahrhunderte überliefert wurde:

„Die Vögel werden von Tannenholz hervorgebracht, das im Meer schwimmt. Sie sind anfangs gummiartig, später hängen sie mit ihren Schnäbeln nach unten, als wären sie Algen, und sind von Schalen umgeben. Wenn sie im Lauf der Zeit ein dichtes Federkleid bekommen haben, fallen sie ins Wasser oder fliegen frei in die Luft. Sie bekommen ihre Nahrung aus dem Saft des Holzes."

Die Geschichte wurde immer weitergesponnen und verändert:

„Aus dem Treibholz wird ein Baum, der am Wasser steht. Die Vögel fallen wie Früchte herunter – die ins Wasser fallen, überleben, die am Land sterben."

Durch diese Geschichte wurden Vögel gleichsam zu Meerestieren. Zum Beispiel wurden Gänse und Enten aus der Umgebung von Paris auf den Märkten der Stadt als Fisch verkauft. So konnten Gänse an Freitagen und in der Fastenzeit gegessen werden, wenn eigentlich nur Fisch erlaubt war. Die meisten werden zwar gewusst haben, dass Vögel aus Eiern schlüpfen, aber da den Menschen die gebratenen Vögel offensichtlich besser schmeckten als Fisch, nahm man es mit der Wahrheit nicht so genau.

Krebse als Nahrungsmittel

Krebse sind ein hervorragendes Nahrungsmittel mit einem hohen Gehalt an Eiweiß und Mineralstoffen. Und Krebse schmecken vor allem auch sehr gut!

An diesem Siegel erkennst Du, dass Krebse aus nachhaltiger, umweltfreundlicher Fischerei stammen

Diese Prachtexemplare werden im Kochtopf landen

Es gibt zwei Wege, um Krebse als Nahrungsmittel auf den Markt zu bringen: Man kann sie fischen oder in Teichen züchten – das nennt man dann Aquakultur.

Fischerei-Schiffe fangen mit modernen Techniken unzählige Krebse aus dem Meer. Doch das Meer ist in vielen Gebieten zu stark befischt, und die Bestände können sich nicht mehr erholen. Woran kannst Du erkennen, welche Krebse aus nachhaltiger, umweltfreundlicherer Fischerei kommen? Dafür gibt es auf der Verpackung im Tiefkühlregal im Supermarkt ein kleines, blaues Symbol mit den Buchstaben MSC.

Einige besonders große Garnelen, zum Beispiel die Tigergarnelen, kommen aber aus Zuchtanlagen. Weltweit gibt es 300 000 dieser Shrimp-Farmen, viele davon in Südostasien. Für die Zuchtteiche werden ökologisch wertvolle Mangrovenwälder abgeholzt und die Tiere in den Teichen in unnatürlich dichten Schwärmen gehalten. Damit die Krebse nicht krank werden, bekommen sie Antibiotika und bis zu 100 andere Chemikalien, die sich im Krebsfleisch anreichern und so auf unseren Tellern landen.

Hummer und Langusten gelten als Spezialität besonders für wohlhabende Leute. Das war aber nicht immer so. Es gibt Berichte aus Amerika aus dem 17. Jahrhundert, wo Hummer als billiges Essen den Sklaven und Gefängnis-Insassen vorgesetzt wurde. Denn damals war der Hummer so häufig, dass Tausende von ihnen oftmals einen halben Meter hoch an die Strände angespült wurden und sogar zum Düngen der Felder eingesetzt wurden!

So ein Garnelenspieß ist einfach lecker!

Krebse aus unbelasteten Gewässern sind ein sehr wertvolles Nahrungsmittel!

Auch der Autor dieses Buches lässt sich gerne mal Garnelen schmecken ...

Schön, dass Du so weit gelesen hast!
Ich hoffe, die ersten Begegnungen mit den Krebsen haben Dich neugierig gemacht! Es gibt noch viele andere Krebse und spannende Geschichten über sie zu entdecken. Ich bin ganz sicher, Du findest mehr in Deiner Stadtbibliothek, im Internet und vor allen Dingen während Deiner Expeditionen in die Natur. Viel Spaß dabei und fröhliches Forschen wünscht Dir Dein Charles Oliver Coleman!

Großes Krebse-Quiz

In diesem Band der „Entdecke"-Reihe hast Du viel über Krebse erfahren. Du bist jetzt schon ein richtiger Krebstier-Experte! Hast Du Lust, Dein Wissen zu testen? Dann kreuze bei jeder der nachfolgenden Fragen die Antwort mit Bleistift an, die Du für richtig hältst. Die Auflösung findest Du auf Seite 64 – manchmal stimmen auch mehrere Antworten!

1. Der Rückenschild (Carapax) ist ...

a) ... eine Platte, die aus dem Rücken eines Krebses entsteht ❍
b) ... ein Auswuchs des Kopfes ❍
c) ... ein Panzer, der den Körper des Krebses schützt ❍

2. Das Flusskrebsweibchen legt ...

a) ... Eier frei ins Wasser ab ❍
b) ... bringt lebende Jungtiere zur Welt ... ❍
c) ... klebt seine Eier an die Schwimmbeine ❍

3. Flusskrebse nehmen Sauerstoff ...

a) ... mit Kiemen auf ❍
b) ... direkt durch die Haut auf ❍
c) ... unterstützt durch eine Wasserströmung auf, die durch ein Mundwerkzeug erzeugt wird ❍

4. Ein Butterkrebs ist ...

a) ... ein Krebs, gekocht mit einer feinen Buttersoße ❍
b) ... ein Krebs, der sich gerade gehäutet hat ❍
c) ... ein Krebs, der für ein Festessen aus Butter geformt wurde ❍

5. Fangschreckenkrebse töten ihre Beutetiere ...

a) ... mit spitzen Stacheln an den Vorderbeinen ❍
b) ... durch einen Biss in den Nacken ❍
c) ... mit hammerartigen Verdickungen an den Vorderbeinen ❍

6. Asseln und Flohkrebse ...

a) ... legen ihre Eier im freien Wasser ab ❍
b) ... kleben ihre Eier an die Schwimmbeine ❍
c) ... legen ihre Eier in einen Brutbeutel, der aus Auswüchsen der Beine gebildet wird ❍

7. Landasseln sind gegen Austrocknung ...

a) ... durch eine Wachsschicht auf dem Chitinpanzer geschützt ❍
b) ... dadurch geschützt, dass sie sich in feuchten und dunklen Lebensräumen aufhalten ❍
c) ... überhaupt nicht anfällig ❍

8. Flohkrebse leben ...

a) ... im Meer ❍
b) ... im Grundwasser ❍
c) ... an Land ❍

9. Manchmal sieht man zwei Flohkrebse oder auch Feenkrebse, die als Tandem zusammen schwimmen. Warum machen sie das?

a) Weil es Spaß macht ❍
b) Weil sie gemeinsam schneller vorankommen ❍
c) Damit das Männchen die Eier des Weibchens befruchten kann ❍

10. Landlebende Flohkrebse leben ...

a) ... im Sand eingegraben ❍
b) ... unter angeschwemmtem Holz oder unter Seegras ❍
c) ... auf Bäumen ❍

11. Wasserflöhe besitzen ...

a) ... ein großes Auge, das aus Einzelaugen zusammengesetzt ist .... ❍
b) ... ein kleines Einzelauge .... ❍
c) ... keine Augen, sie sind blind .... ❍

12. Wasserflöhe nutzen ...

a) ... ihre Beine zum Schwimmen .... ❍
b) ... ihre Beine zum Fressen .... ❍
c) ... ihre Antennen zum Schwimmen ...... ❍

13. Wasserflöhen haben ...

a) ... ein kugeliges Herz .... ❍
b) ... Blutgefäße .... ❍
c) ... eine hellrosa Blutflüssigkeit .... ❍

14. Wasserflöhe wandern ...

a) ... nicht, sondern leben immer direkt an der Wasseroberfläche .... ❍
b) ... in der Nacht an die Wasseroberfläche ...❍
c) ... tagsüber in tiefere Wasserschichten .. ❍

15. Die Weibchen des Wasserflohs ...

a) ... verpaaren sich regelmäßig mit Männchen .... ❍
b) ... verpaaren sich gelegentlich mit Männchen, besonders wenn die Lebensbedingungen schlechter werden .... ❍
c) ... produzieren ohne Männchen weibliche Nachkommen .... ❍

16. Die Wasserflohart namens Kahnfahrer ...

a) ... frisst andere Wasserflöhe .... ❍
b) ... lässt sich von Sportbooten und Kähnen durch das Wasser ziehen .... ❍
c) ... frisst Kleinstlebewesen auf der Unterseite der Wasseroberfläche .... ❍

17. Salinenkrebse ...

a) ... leben in sehr salzigem Wasser........ ❍
b) ... färben, als Nahrung gefressen, Flamingos rosa.................................... ❍
c) ... leben im Grundwasser..................... ❍

18. Dauereier von Kiemenfußkrebsen können ...

a) ... 6 000 Jahren überdauern und immer noch Larven hervorbringen .... ❍
b) ... minus 271 Grad Celsius überstehen.. ❍
c) ... komplett austrocknen und immer noch Larven hervorbringen .... ❍

19. Seepocken ...

a) ... sind eine altbekannte Krankheit von Seeleuten .... ❍
b) ... leben auf Steinen .... ❍
c) ... leben auf Walen............................... ❍

20. Garnelen aus Farmen sind ...

a) ... eine gute Idee, um gesunde Lebensmittel zu erzeugen .... ❍
b) ... eine umweltfreundliche Alternative zum Fang von Garnelen aus der Natur ... ❍
c) ... mit ein Grund, warum Mangrovenwälder abgeholzt werden .... ❍

Entdecke die Reihe mit der Eule!

 Entdecke die Eulen	 Entdecke die Greifvögel	 Entdecke die Geier	 Entdecke die Rabenvögel	 Entdecke die Spechte	 Entdecke die Finken	 Entdecke die Spatzen
 Entdecke die Eisvögel	 Entdecke die Zugvögel	 Entdecke die Singvögel	 Entdecke die Meisen	 Entdecke die Kraniche	 Entdecke die Störche	 Entdecke Schwäne, Gänse & Enten
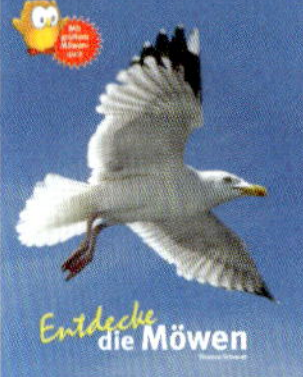 Entdecke die Möwen	 Entdecke die Pinguine	 Entdecke die Papageien	 Entdecke die Kolibris	 Entdecke die Fledermäuse	 Entdecke die Hunde	 Entdecke die Kühe
 Entdecke die Pferde	 Entdecke die Esel	 Entdecke die Nagetiere	 Entdecke die Igel	 Entdecke die Waschbären	 Entdecke die Biber	 Entdecke die Otter
 Entdecke heimische Wildtiere	 Entdecke die Wölfe	 Entdecke die Bären	 Entdecke die Tiger	 Entdecke die Menschenaffen	 Entdecke Affen und Lemuren	 Entdecke die Pandas
			Entdecke die Elefanten	 Entdecke die Nashörner	 Entdecke die Erdmännchen	 Entdecke die Beuteltiere

Natur und Tier - Verlag GmbH
An der Kleimannbrücke 39/41 · 48157 Münster
Telefon: 0251 - 13339-0 · Fax: 0251 - 13339-33
E-Mail: verlag@ms-verlag.de · www.ms-verlag.de